교육과정 문해력,
교사 전문성을
완성하다

교육과정 문해력, 교사 전문성을 완성하다

(행복한 수업을 만드는 교수평 일체화, 교육과정 문해력, 그리고 학생중심수업 프로젝트)

[행복한 교과서®] 시리즈 No. 49

지은이 | 신지승
발행인 | 홍종남

2020년 6월 27일 1판 1쇄 발행
2021년 10월 15일 1판 2쇄 발행 (총 2,500부 발행)

이 책을 만든 사람들
책임 기획 | 홍종남
북 디자인 | 김효정
교정 교열 | 김윤시
출판 마케팅 | 김경아
제목 | 구산책이름연구소

이 책을 함께 만든 사람들
종이 | 제이피씨 정동수 · 정충엽
제작 및 인쇄 | 천일문화사 유재상

펴낸곳 | 행복한미래
출판등록 | 2011년 4월 5일. 제 399-2011-000013호.
주소 | 경기도 남양주시 도농로 34, 다산 플루리움 301동 301호(다산동)
전화 | 02-337-8958 팩스 | 031-556-8951
홈페이지 | www.bookeditor.co.kr
도서 문의(출판사 e-mail) | ahasaram@hanmail.net
내용 문의(지은이 e-mail) | suckgatap@daum.net
※ 이 책을 읽다가 궁금한 점이 있을 때는 지은이 e-mail을 이용해 주세요.

ⓒ 신지승, 2020
ISBN 979-11-86463-49-9
〈행복한미래〉 도서 번호 080

교육과정 문해력, 교사 전문성을 완성하다

| 신지승 지음 |

행복한미래

교사는 '교사 전문성'으로 피어난다

"초등교사에게 무엇이 전문성일까요?"

이 질문은 학교 현장에서 초등교사로 살아오면서 생긴 화두입니다. 교육과정 전공 석사, 교대에서 한 통합교과교육론과 교재개발론 강의, 1학년 즐거운 생활 교과서 집필, 도자기와 초콜릿을 주제로 한 어린이 책 출간, STEAM 교사연구회, 프로젝트 수업으로 이어진 교사로서 필자가 살아온 삶은 이 질문에 답하려고 노력한 과정이 아니었을까 싶습니다. 필자는 왜 이런 질문을 가졌을까요?

초등교사는 1학년부터 6학년까지 학년을 총 6개 맡을 수 있으며, 학년에 따라 차이는 있지만 국어부터 영어까지 교과를 총 10개 가르쳐야 합니다. 그런데 초등교사 입장에서 같은 교과라도 학년이 달라지면 '다른 과목'처럼 느낍니다. 즉, 국어 교과가 전 학년에 다 있지만 1학년 국어와 6학년 국어는 완전히 다른 과목처럼 느끼는 것이지요. 내용과 수준이 많이 달라 처음 가르치는 것처럼 수업을 준비해야 하기 때문입니다.

이렇게 단순하게 생각하면 초등교사가 담당할 수 있는 과목은 학년 6개 × 교과 10개 = 과목 60개가 됩니다. 물론 과목 60개를 다 가르치지는 않습니다. 학년을 정하고 교과 전담교사 수업을 빼고 나면 과목 60개 중에서 대체적으로 5~7개 정도를 가르치게 되지요. 1년에 단 한 번만 가르치고 끝날 수업 때문에 과목 5~7개를 모두 열심히 연구하고 준비한다는 것은 초인적인 노력 없이는 불가능한 일임을 초등교사들은 너무나 잘 압니다.

하지만 더 큰 문제가 있습니다. 그렇게 열심히 연구해서 수업했는데 해가 바뀌면 거의 모든 교사가 다른 학년을 담당하게 됩니다. 그리고 다른 과목을 5~7개 정도 다시 가르쳐야 합니다. 다행히 학년이 바뀌지 않을 때도 있지만, 이때는 꼭 교육과정이 바뀌는 징크스가 있습니다. 거의 매년 바뀌는 학년, 많은 과목 수, 1년에 단 한 번만 가르치고 마는 내용들……. 오랜 시간 교사로 열심히 연구하고 수업을 했음에도 항상 신규 교사처럼 느낄 수밖에 없는 것이 바로 초등교사의 삶인 것 같습니다.

현실은 모든 교과를 다 잘 가르칠 수 없습니다. 그래서 초등교사는 범위를 좁혀 중등교사처럼 자기 전공⑦ 교과를 정하고, 그 교과에서 깊이 있는 지식과 이에 적합한 방법적 기술을 갖추려고 합니다. 즉, 중등교사가 생각하듯이 교사 전문성을 '단일 교과에 대한 수업 기술'로 생각하는 것이지요. 초등학교에서는 교과를 하나 정하여 수업발표대회나 교과연구대회에 참여해서 최고 등급을 받으면 그 교과의 전문성을 가졌다고 인정하는 분위기입니다.

이런 전문성에 대한 초등학교의 개념 인식에는 문제가 있습니다. 초등교사 전문성은 중등교사처럼 특정한 교과에 대한 전문성만으로는 충분히 설명할 수 없기 때문입니다. 즉, 초등학교에서는 가르쳐야 할 교과 수가 많다 보니 한 교과만으로는 온전하게 전문성을 담아내기 어렵습니다. 한 교과를 깊이 이해하면 다른 교과도 제대로 볼 수 있다고 하지만, 중등교사의 모습을 보면 딱히 그렇게 보이지도 않습니다. 수업발표대회에서 1등급을 받은 중등 국어교사가 영어 교과에서도 이해가 깊다고 말하기는 어려워 보입니다. 교과별로 나눈 전문성 개념에서는 초등이든 중등이든 간에 교과 벽을 넘나드는 전이는 힘들어 보입니다.

어느 날, 필자는 막연하게 생각했던 교사 전문성 개념을 한마디로 표현한 용어를 알게 되었습니다. 바로 '교육과정 문해력'입니다. 교과서를 벗어나 교육과정을 읽고 쓰는 것으로, 성취기준을 바탕으로 자신만의 수업을 디자인하자는 것입니다. 교과와 교과를 연결할 뿐만 아니라 교과 내에서도 자신만의 수업을 만들 수 있기 때문에 초등학교는 물론 중등학교에서도 적용할 수 있는 개념이었습니다.

이후 필자는 교사 전문성을 교육과정 문해력이라는 키워드로 정리해 보려고 노력했습니다. 또 현재 교육 현장의 화두처럼 던져진 교육과정-수업-평가 일체화와 과정중심평가도 교육과정 문해력으로 새롭게 보게 되었지요.

이 책은 19년 차 교사가 교사 전문성을 찾아 떠난 여행의 중간 도착지 이야기입니다. 여행의 최종 도착지는 아니지만 여러분은 필자처럼 너무 오랫동안 헤매지도, 혼자서 힘들어 하지도 말고 교육과정 문해력이라는 교사 전문성에 도착할 수 있길 바랍니다.

자, 그럼 새로운 교사 전문성, 교육과정 문해력을 알아볼까요?

목차

2부

교수평 일체화: 학생중심수업을 완성하다

3부

교육과정 문해력,
교사 전문성을 이야기하다

1부

교육의 패러다임이
바뀌고 있다

01

지금 학교는 과정중심평가 대란 중?

······ IB 교육과정, 교육과정−수업−평가−(기록) 일체화, 역량 중심 교육과정 운영, 놀이 중심 교육, 소프트웨어 교육, 메이커 교육, 디지털 교과서 ······

보기만 해도 답답하지 않나요? 이 용어들은 교사들이 하고 있거나 할 수 있거나 교사에게 하라고 내려오는 교육정책입니다. 자발적으로 하든 강제적으로 하든 간에 참 많은 것을 하고 있네요. 이 많은 것을 교실에서 척척 해내거나 척척 해내는 척해야 하는 교사들은 슈퍼맨이고 원더우먼입니다.

이렇게 많은 정책을 실행하려고 교사는 다양한 연수를 받고 각자 교실에서 나름의 수업을 합니다. 교육정책에서 효과를 얻기까지는 어느 정도 시간이 필요한데, 우리나라 교육정책의 유통 기한은 언제나 그렇듯이 그리 길지 않습니다. 한두 해 동안은 온 나라 또는 온 지역이 떠들썩하다가는 교육과정이 바뀌거나 새로운 교육정책이 혜성처럼 등장하면 이전 정책들은 신기루처럼 사라지고 맙니다.

그런데 바로 사라지지 않고 꼭 1~2년간은 공문에 흔적을 남기지요. "아직 나 죽지 않았어."라고 외치며 그렇게 몇 년을 더 힘들게 하고는 쓸쓸히 퇴장합니다. 새로운 정책 또한 같은 길을 걷는다는 것을 교사는 대부분 경험으로 잘 알기에 교육정책이 내려오면 항상 한 발짝 떨어져서 지켜봅니다. 혹시 교사는 게으르고 변화를 싫어한다고 생각한다면 학교 교실에서 하루 종일, 며칠만 지내보세요. 슈퍼맨과 원더우먼을 만날 수 있을 것입니다.

2018년은 과정중심평가의 해?

2015 교육과정을 발표한 후에도 역시나 교육 현장에는 수많은 교육정책이 공문과 연수로 쏟아지고 있습니다. 처음에는 4차 산업혁명 시대와 창의융합형 인재에 따른 역량 중심 교육과정들이 대세를 이루다, 교육과정 – 수업 – 평가 일체화 담론을 거쳐 어느 순간 모든 것이 과정중심평가로 모아졌습니다. "과정중심평가만 잘하면 2015 교육과정은 문제가 없겠다."라고 느낄 정도로 2018년은 가히 '과정중심평가'의 해라고 할 수 있었습니다.

대전교육청, 과정중심평가 실질적 평가로 '자리매김' 2018.01.10 이뉴스투데이

평가로 운영한다고 10일 밝혔다. 2015 개정 교육과정에서는 교육과정-수업-평가의 일체화를 통한 과정 중심 평가를 강조하고 있으며 대전시교육청에서도 많은 초등학교에서...

서울 중학교 22곳 객관식시험 폐지.., '과정중심 평가' 2018.01.03 뉴시스 다음뉴스

bluesoda@newsis.com 서울교육청, 2018년 주요 업무계획 발표 교과 수행평가로 성적산출 과정 중심평가, 초등학교서 중학교로 확대 【세종=뉴시스】 백영미 기자 = 올해 서울...

  └ 서울 중학교 22곳 객관식시험 폐지.., '과정중심 평... 2018.01.03 이데일리 다음뉴스
  └ 올해 서울 중학교 '과정중심 평가' 도입… 시범학교... 2018.01.03 조선일보 다음뉴스
  └ 서울 중학교 22곳 '과정중심 평가' 첫 도입… '객... 2018.01.03 신아일보

강원교육청, 수학 수업 과제 설계와 과정중심 수업 평가 방안 고민~...

2018.01.26 에듀뉴스

교육과정에 따른 활동중심, 학생중심의 수업을 운영하기 위한 과제 설계 및 과정중심 평가방안에 대한 내용으로 구성하여 수학교사들의 수업방법개선에 대한 고민을 해결해...

제주도교육청, 2019학년도 새 고입전형 시행 앞서 과정중심평가 내... 2018.01.11 에듀동아

전형을 시행된다. 제주도교육청은 "새로운 고입 전형의 안정적인 시행을 위해 과정중심 평가·수업 내실화 등을 추진하기로 했다"고 11일 밝혔다. 제주도교육청 관계자는...

경기도 교육청에서는 교육과정-수업-평가 일체화를 "교사가 재구성한 교육과정을 기반으로 배움 중심의 철학과 가치를 반영한 학생 중심의 수업과 과정 중심의 평가를 통해 학생의 전인적 성장을 돕는 일련의 과정이다."라고 정의했습니다. 즉, 성취기준을 중심으로 교육과정을 재구성하여 학생 활동 중심의 수업과 수업 중 관찰 및 피드백을 이용한 평가로, 성취기준에 도달시켜 학생의 성장을 돕는 것이 바로 교육과정-수업-평가 일체화라는 것입니다. 이렇듯 과정중심평가는 교육과정-수업-평가 일체화의 한 요소일 뿐입니다.

그런데 지금은 과정중심평가가 교육과정-수업-평가 일체화에서 가장 중요한 핵심이 되었습니다. 과정중심평가를 위해 교육과정을 백워드 설계로 재구성해야 하고 학생 활동 중심의 수업을 하는 것처럼 되어 버린 것이지요. 즉, 꼬리가 몸통 전체를 흔들고 있는 모양이 되었습

니다. 평가를 중심에 두는 교육과정－수업－평가 일체화는 결국 평가 전문성이라는 미명 아래 서술형·논술형 문항 제작 연수로 귀결된다는 것을 이미 경험으로 잘 알고 있습니다.

그럼 왜 이렇게 과정중심평가가 가장 중요한 요소처럼 되어 버렸을까요? 바로 교육과정－수업－평가 일체화 패러다임의 전환 때문입니다.

교육과정 － 수업 － 평가의 일체화

교과서	➡	교사중심수업	➡	결과중심평가
⇩		⇩		⇩

교육과정 재구성	⬅	학생중심수업	➡	과정중심평가

현재는 '교과서－교사중심수업－결과중심평가'에서 '교육과정 재구성－학생중심수업－과정중심평가'로 교육과정－수업－평가 일체화의 패러다임이 전환되는 시기입니다. 그런데 이미 교육과정 재구성과 학생중심수업 요소는 학교 현장에서 실천하고 있으며, 교사가 그것을 제대로 실천하는지 여부와는 별개로 우리가 나아가야 할 방향으로 어느 정도 받아들이고 있습니다.

반면 교사에게 과정중심평가는 너무나 생소한 요소이기에 다양하고 집중적인 연수로 신속하게 학교 현장에 이식시켜야 했습니다. 또 평가 부분을 바꾸지 않고서는 교육과정 재구성과 학생중심수업은 제대로 할 수가 없습니다. 교육과정을 재구성해서 다양한 학생 활동 중심의 수업을 했으면서도 객관식 지필 평가를 실시한다면, 교육과정·수업과 평가가 분리되기 때문에 올바른 평가라고 하기 어렵습니다.

이렇듯 과정중심평가를 신속하게 이식해서 교육과정 – 수업 – 평가 일체화 패러다임의 전환을 완성해야 했기에 마지막 퍼즐인 평가 요소에 지나치게 집중할 수밖에 없었던 것이지요. 이런 현실이 2018년을 누군가에게는 '과정중심평가의 해'로, 또 누군가에게는 '과정중심평가 대란(大亂)의 해'로 만들었던 것입니다.

02
지금까지의 교수평 일체화를 돌아보다

　현재 교육 현장에서 교육과정-수업-평가 일체화 담론은 앞으로 교사가 교육적으로 지향해야 할 하나의 방향으로 받아들입니다. 그래서 대부분의 교사가 교육과정-수업-평가 일체화를 최근에 새로 만든 것으로 여깁니다.

　혹시 알고 있나요? 교육과정-수업-평가 일체화는 과거에도 있었다는 것을 말이죠. 그것도 아주 오랜 시간 동안 국가정책과 교사들의 열정으로 지탱되어 왔으며, 아직도 쉽게 무너지지 않고 있는 일체화이지요. 바로 교과서-교사중심수업-결과중심평가로 된 일체화입니다. 이런 과거의 일체화는 '교육과정 → 수업 → 평가' 순서대로 진행됩니다.

① 교육과정	② 수업	③ 평가
교과서	교사중심수업	결과중심평가

교육과정: 교육과정 = 교과서

학기 초가 되면 학교에서는 학교 및 학년 교육과정을 수립하고 문서로 만들어야 합니다. 모든 교사가 교육과정이라는 말을 입에 달고 생활하지요. 하지만 교사들이 교육과정이라는 말을 사용하는 것은 여기까지입니다. 교육과정 문서 작업이 끝나고 나면 실제 수업은 교과서 순서대로 진도를 나가기 때문에 더 이상 교육과정이라는 말은 필요가 없습니다.

또 교육과정을 작성하는 것도 교과서 순서대로 시수를 맞추는 작업일 뿐입니다. 거의 대부분의 학교에서는 교과서에 제시된 단원 순서대로 진도를 나가기 때문에, 교육과정을 수립하는 것은 결국 빈칸 채우기 및 숫자 맞추기가 될 수밖에 없습니다. 이런 교육과정이라면 굳이 새롭게 만들 필요가 없음에도 학교 교육과정을 심지어 책자로 만들어 교육청에 제출하는 시·도가 있다고 합니다.

이렇듯 과거에는 교육과정이라는 말을 언급하지 않아도 교육과정을 보지 않아도 되었습니다. 교사에게는 교육과정보다 더 가까운 교과서가 있었으니까요. 교육과정의 내용이나 성취기준을 바탕으로 국가에서 만들어 주는 교과서는 교사에게는 유일무이한 수업 자료이면서 교

육과정 그 자체였습니다. 굳이 다른 수업 자료를 찾으려고 고민할 필요
도 없었습니다. 교과서를 벗어나는 것은 교육과정을 벗어나는 것으로
간주했고, 교사는 국가가 만든 교과서라는 성 안에서 벗어날 필요도 벗
어날 수도 없었습니다.

교육과정보다 더 가까운 교과서이기에 교사에게는 '교육과정 = 교
과서'라는 등식이 만들어졌던 것입니다.

수업: 교사중심수업

그럼 수업은 어떻게 진행할까요? 교육과정이자 유일무이한 수업 자
료인 교과서가 있기에 당연히 수업은 교과서를 중심으로 진행합니다.

3월에 교과서의 첫 단원을 시작해서 12월과 2월에는 마지막 단원을
끝냅니다. 즉, 교과서 순서대로 진도를 나가는 수업을 하는 것이지요.
교사가 해야 할 일은 교과서 단원의 순서대로 수업을 진행하면서 교과
서에 있는 내용을 학생들에게 빠짐없이 전달하는 것입니다.

이런 교과서 진도 나가기식 수업에는 몇 가지 특징이 있습니다. 첫
째, 초등학교 40분, 중학교 45분, 고등학교 50분의 차시 단위로 거의 모
든 수업을 합니다. 교과서 단원을 차시별로 잘게 나누어서 집필했기 때
문이지요. 둘째, 수업 목적은 차시의 학습 목표에 도달하는 것입니다.
즉, 수업으로 도달하려는 것이 성취기준이 아니라 교과서와 교사용 지
도서에 제시된 차시의 학습 목표가 되는 것입니다. 셋째, 교사는 수업

기술이나 방법을 중요하게 여깁니다. 모든 교사가 거의 똑같은 교과서 내용으로 수업을 하기 때문에 수업 내용을 고민할 필요가 없습니다. 그 보다는 주어진 교과서 내용을 효과적으로 전달하는 수업 기술이나 방법이 더 필요하지요.

매 차시 도달해야 할 학습 목표가 있는 수업이기에 교과서 진도를 잘 나가려면 시간을 낭비해서는 안 됩니다. 교사는 설명을 중심으로 빠르게 수업을 진행하고 학생들의 참여와 활동은 허용하지 않거나 아주 조금만 허용하지요. 이때 교사에게는 교과서 내용을 최대한 쉽게 효율적으로 가르치는 것이 중요하고, 학생에게는 중요한 내용을 체크해 가며 필기도 하고 반복해서 암기하는 것이 필요합니다. 이렇듯 교과서 진도 나가기식 수업을 효과적으로 하려면 학생들의 활동 중심보다는 교사 강의 중심으로 수업을 할 수밖에 없습니다.

평가: 결과중심평가

교육과정인 교과서로 교사 중심의 강의식 수업을 했으니 마지막으로 학생들이 교과서 내용을 얼마나 정확하게 기억하는지를 알아보는 평가가 필요하겠죠? 지금까지는 모든 동학년 학생들을 대상으로, 정해진 날에, 선택형이나 서답형 문항의 시험지로, 중간고사와 기말고사를 실시해서 평가했습니다. 즉, 모든 학생을 대상으로 하는 일제평가, 정해진 날에 치는 정시평가, 선택형이나 서답형 문항으로 구성된 지필평가,

단원을 다 학습한 후 성취 정도를 확인하는 총괄평가를 실시한 것이지요.

이런 평가는 곧잘 학생 선발 목적으로 사용됩니다. 아무래도 시험 성적에 따라 학생들의 서열을 구분하고, 이를 선발기준으로 사용할 수 있기 때문이지요. 선발기준으로 삼으려면 공정성이 중요한데, 채점을 정확하게 할 수 있는 객관도를 유지해야 합니다. 그래서 채점이 어려운 기능이나 가치·태도 영역, 주관식 평가보다는 채점을 쉽고 빠르게 할 수 있는 지식·이해 영역, 객관식 평가가 많은 것입니다.

이렇게 교과서 진도 나가기식 수업과 관련된 평가들은 학습 '과정' 중에 학생을 평가하여 보다 나은 배움을 할 수 있도록 돕는 것이 아닙니다. 학습을 종료한 후 성취 목표에 도달한 정도, 즉 학습 '결과'를 더 중요하게 여기는 결과중심평가가 대부분입니다.

03
지금까지의 교사 전문성은 '수업 테크닉'이었다

과거의 교육과정 – 수업 – 평가 일체화 패러다임에서는 어떤 전문성이 교사에게 필요했을까요? 과거의 일체화는 교과서 – 교사중심수업 – 결과중심평가로 이어지며 '교육과정 → 수업 → 평가' 순서대로 진행한다고 했습니다. 이를 교육과정 성취기준이 이동하는 순서대로 나타내면 다음과 같습니다.

과거의 교사 전문성: 수업 테크닉

교육과정의 성취기준은 교과서라는 모습으로 구체화해서 교사에게 주어집니다. 교과서를 받은 교사는 수업으로 학생들에게 교과서 내용을 누락하지 않고 빠짐없이 가르치지요. 즉, 교육과정 성취기준은 '교육과정 → 교과서 → 교사 → 학생' 순서대로 이동합니다. 이처럼 교과서 진도 나가기식 수업은 교과서라는 매우 구체적인 수업 자료를 중심으로 진행합니다. 교과서에는 수업할 차례가 단원별, 차시별로 세밀하게 나열되어 있고 수업 내용이나 전개 과정까지도 상세하게 제시되어 있지요. 그렇기에 교사 생각을 반영한 수업 내용을 구성하기보다는 이미 주어진 교과서 내용을 정해진 차시에 따라 그대로 가르쳐야 합니다. 여기에서 교사 역할은 교과서 내용을 학생들에게 전해 주는 '전달자'입니다.

전달자로서 교사에게는 교과서 내용을 학생들에게 이해하기 쉬우면서도 재미있게, 즉 얼마나 효과적으로 전달하느냐가 중요합니다. 모든 교사가 똑같은 내용을, 똑같은 차시에 가르치기 때문에 교사가 능력을 발휘할 수 있는 부분은 오로지 '전달 기술'뿐이지요. 예를 들어 국어 3단원 5차시를 가르칠 때는 A 수업 방법을 적용하면서 B 자료를 활용하고 활동 순서는 이렇게 하면 효과적인 수업을 할 수 있다는 것을 잘 알고, 수업으로 그것을 멋지게 보여 줄 수 있으면 바로 수업 전문가로서 교사의 모습이 됩니다. 따라서 과거의 일체화에서 교사 전문성은 교과서 내용을 효과적으로 전달하는 기술이나 방법인 '수업 테크닉'이 됩니다.

이에 따라 자연스럽게 교사의 관심은 교사 전문성으로 인정받는 수업 테크닉에 모아집니다. 발견학습, 탐구학습, 문제해결학습, 개념학습 등 학습 모형을 공부하고, 토의·토론수업, 하브루타, 직소수업 등 다양한 수업 방법을 익힙니다. 브레인스토밍, 브레인라이팅, 마인드 맵 같은 창의성 학습 기법도 배우고, 동기유발 기법과 주의집중 기법도 다양하게 연습하지요. 수업 시간에 돌발적으로 발생하는 상황에 적절하게 대처하려면 수업 테크닉 수는 많을수록 좋고, 각각의 테크닉은 잘 숙련되어 있을수록 좋습니다. 이렇게 교사의 관심은 지금 당장 내 교실에서 활용할 수 있는 실제적인 것으로 한정됩니다.

이런 교사 전문성으로서 수업 테크닉을 겨루는 경연의 장이 바로 수업발표대회 또는 수업실기대회라고 하는 것입니다. 하나의 교과를 정하고 한 차시의 수업을 보여 주면서 자신의 수업 테크닉 수와 각 테크닉의 숙련도는 어느 정도인지 교과별 전문가에게 평가받고 등급을 수여받는 것이지요. 이런 대회에 나가서 최고 등급을 받으면 그 교과의 수업 전문가가 됩니다. 수업발표대회가 가능했던 기저에는 당연히 교과서가 있습니다. 교과서 → 전달자 → 수업 테크닉 → 비교 가능(수업 테크닉의 수와 숙련도). 즉, 같거나 비슷한 내용을 누가 효과적으로 잘 전달하느냐 하는 수업 테크닉 관점에서 수업을 본다면, 수업은 비교하고 측정하고 평가하여 등급을 줄 수 있는 대상이 되는 셈이지요.

이런 수업 테크닉으로서 교사 전문성은 어떤 특징이 있을까요?

첫째, 전문성은 자기 전공 교과 내에서만 인정됩니다. 중등에서는 이것이 당연하지만 초등에서는 조금 다르게 접근해야 합니다. 초등교사의 전공은 초등교육입니다. 대학교를 다닐 때 심화 과정이 있기는 하지만, 이것은 전공이 아니지요. 그래서 초등교사는 여러 교과 중 자신이 원하는 하나의 교과를 정하여 교과 내용을 공부하고 수업 기술을 연습하여 수업발표대회에 나갑니다. 대회에서 최고 등급을 받는다면 그 교과에 전문성이 있다고 인정을 받겠지만, 이것으로 초등교사의 전문성을 갖추었다고 할 수 있을까요? 이렇듯 수업 테크닉으로서 교사 전문성은 교과 벽을 넘을 필요가 없는 중등에서는 충분한 전문성이 될 수 있을지 모르지만, 교과 벽을 넘나들어야 하는 초등에서는 충분한 전문성이 되기에는 부족해 보입니다.

둘째, 전문성은 한 차시에 맞추어서 발휘해야 합니다. 교과서 단원은 차시별로 잘게 나누어서 구성했기에 초등학교는 40분, 중학교는 45분, 고등학교는 50분이라는 시간에 맞추어 한 차시의 내용을 가르쳐야 하지요. 그래서 교사는 무의식적으로 한 차시를 완결된 단위라고 생각하여 수업을 계획하거나 참관합니다.

수업발표대회도 당연히 한 차시를 원칙으로 합니다. 초등의 경우, 동기유발을 시작으로 활동 2~3개를 다양한 수업 방법을 적용하여 진행한 후 정리 및 다음 차시 예고까지 빠짐없이 모든 것을 40분이라는 시간에 딱 맞추어 보여 주어야 합니다. 수업이 끝났는데 시간이 남았다거나 시간이 초과했다면 그 교사의 수업 계획과 실행은 실패한 것이고, 대회에서도 탈락할 가능성이 아주 높습니다.

셋째, 전문성은 세부 요소의 총합으로 구성됩니다. 학교에서 사용하는 수업 참관록을 살펴보면 학교마다 차이는 있지만, 대체적으로 수업 설계, 도입, 전개, 정리로 단계를 나누고 각 단계는 평가의 세부 내용으로 구성된 체크리스트 형태가 많습니다. 이 체크리스트에 맞추어서 수업을 보려면 당연히 수업을 단계별로 나누고 세부 요소별로 확인해야 합니다. 이런 세부 요소의 총합이 바로 그 수업이 되고, 각 요소 점수의 총합이 바로 그 수업의 수준을 나타내는 지표가 됩니다.

이런 수업 참관록 양식은 서로 다른 수업을 평가해서 등급을 주는 것에는 적절할지도 모릅니다. 수업을 아주 분절적으로 세밀하게 분석하듯이 보아야 비교 가능하니까요. 그래서일까요? 다음 수업발표대회의 심사기준도 이런 수업 참관록 양식과 별반 달라 보이지 않습니다.

가. (동기유발) 프로젝트 학습의 흐름과 연계하여 학생의 수업 참여를 유도하며 학습동기와 수업 참여도 제고에 도움이 되는 도입부 전개

나. (교사 발문) 학생의 이해 수준을 파악하는 발문과 교사−학생, 학생−학생 간 의사소통을 촉진시키는 발문 여부

다. (교수 기술) 학생의 참여를 신장시키고, 학생 활동 과정에 따른 시행착오에 대한 피드백 제시, 사고 신장 활동 강화 여부

라. (개별화 지도) 학생들의 개별 활동 과정을 자연스럽게 수업과 연계하며 다양한 생각을 수업에 반영하는지 여부

마. (다양한 학습 방법의 활용) 수업 목표 달성을 위해 학생들의 자발적 협의, 토론, 발언 등이 원활하고 빈번하게 이루어지는지 여부

바. (자료 활용) 학습자 수준을 고려한 교수 · 학습 자료 고안, 적절한 시기에 활용하여 학습효과를 높이는지 여부

사. (평가 활동) 과정중심평가 및 적절한 피드백 제공 여부

아. (상호 작용) 교사−학생 간, 학생−학생 간 발표, 토론, 발언 등의 적극적 수행 여부

− 2018 대구광역시 제33회 초등교사 수업발표대회 계획 중

교육 패러다임의 변화,
지금부터 교수평 일체화를 전환하라

견고했던 과거의 일체화 패러다임과 수업 테크닉 전문성은 수업 요소를 시작으로 서서히 균열이 생기기 시작합니다. 교실에서 학생들에게 좀 더 재미있고 활동적인 수업을 하고 싶었던 교사들이 다양한 학생중심수업을 실천하기 시작한 것이지요. 이렇게 시작된 변화는 이후 교육과정 요소와 평가 요소로 이어지면서 교육과정 재구성 – 학생중심수업 – 과정중심평가의 새로운 교육과정 – 수업 – 평가 일체화가 이루어집니다. 새로운 일체화는 '교육과정 ⇄ 수업 ⇆ 평가'의 모습으로 요소끼리 상호 영향을 주면서 진행됩니다.

② 교육과정	① 수업	③ 평가
교육과정 재구성	학생중심수업	과정중심평가

수업: 학생중심수업

교육과정 – 수업 – 평가 일체화에서 가장 중심이 되는 요소는 무엇일까요? 과정중심평가를 강조하는 요즈음 분위기로는 대부분의 교사가 평가라고 말할지도 모르겠습니다. 하지만 우리는 수업하는 교사입니다. 수업을 좀 더 재미있고 의미 있게 하려고 교과서와 교육과정을 보는 것이고, 수업으로 성취기준에 도달하려고 과정평가와 결과평가를 하는 것이지요. 이렇듯 '수업'은 교육과정 – 수업 – 평가 일체화에서 가장 중심이 되는 핵심 요소입니다.

과거의 교육과정 – 수업 – 평가 일체화에서 가장 먼저 변화가 시작된 요소도 바로 '수업'이었습니다. 교사가 주로 말하고 학생들은 교사가 묻는 말에만 대답하는 수업. 이런 교과서 진도 나가기식 교사중심수업으로는 학생들이 재미있어 하고 즐겁게 참여할 수 있는 수업을 하기가 참 힘듭니다. 이런 수업은 학생들에게도 재미없고 힘들겠지만, 수업에서 의미를 찾고자 하는 교사에게도 깊은 회의감을 줍니다.

학생에게나 교사에게나 학교생활의 대부분은 수업입니다. 그런데 수업이 재미없고 회의감만 준다면 학교생활이 즐거울 수 있을까요? 수업이 바뀌어야 학교생활이 즐거워지겠지요. 교사는 교과서 진도 나가기식 수업에서 벗어나 학생들이 수업에 적극적으로 참여하는 수업을 하려고 움직이기 시작합니다. 인*스쿨 같은 교육 웹 사이트에서 활동 자료를 찾아 수업 시간에 활용하고 토론수업, 프로젝트 수업, 하브루타, 배움의 공동체, 거꾸로 교실 등 학생 참여를 기본으로 하는 다양한 수업 방법을 공부하고 실천하지요.

이런 교사의 노력으로 수업 무게 중심이 교사에서 학생으로 조금씩 옮겨 가는 것이 현재 모습입니다.

교육과정: 교육과정 재구성

수업 중심이 학생에게로 옮겨 가면서 학교도 조금씩 활기를 찾아갑니다. 학생들은 수업 시간에 친구들과 토의와 토론을 하고 조사 활동도 하며 협력하여 문제를 해결하지요. 하지만 얼굴에 생기를 찾아가는 학생들과는 달리 교사는 답답함을 느낍니다. 교과서라는 틀을 벗어나지 못한 학생중심수업이기에 교과서 진도 나가기식 수업보다는 재미있고 활기차지만 수업 내용과 활동에는 한계가 있는 것이지요.

"교과서 내용에서 벗어나 좀 더 자유롭게 수업을 구상하면 안 될까요?"
"이 교과와 저 교과를 연결해서 재미있고 활동적인 수업을 하면 어떨까요?"

교과서 단원과 차시를 기본으로 차시 순서를 변경하고, 내용을 통합하거나 증감하는 '교과서 재구성' 한계를 극복하고자 이제 교사의 눈은 교과서를 넘어 교육과정으로 향하고 있습니다. 즉, 교육과정의 성취기준을 바탕으로 교사 스스로 주제를 정하고 내용을 결정해서 수업하는 '교육과정 재구성'으로 발전하는 것이지요.

　과거의 일체화 패러다임에서는 먼저 교과서가 주어진 후 교사가 교과서 진도를 나가기 때문에 '교과서 → 교사중심수업'으로 진행됩니다. 하지만 새로운 일체화 패러다임에서는 수업을 좀 더 자유롭고 재미있게 할 수 있도록 교육과정을 바라보는 '교육과정 ← 수업'이 선행되고, 이후 교육과정 재구성을 바탕으로 학생중심수업을 하는 '교육과정 → 수업'이 진행됩니다. 또 수업하는 중이라도 더 나은 수업을 위해 교육과정을 변경할 수 있고, 이는 또 수업 내용과 활동에 변화를 가져오기도 합니다. 즉, 교육과정과 수업은 서로에게 영향을 주면서 '교육과정 ⇄ 수업' 모습을 띠게 되지요.

평가: 과정중심평가

　성취기준을 해석하여 수업을 기획하고, 학생들이 자료를 조사하여 발표하고 토론하고 탐구하는 학생중심수업을 실천한 교사는 어떤 평가를 할까요? 지금까지는 중간고사나 기말고사 같은 지필평가 방식의 총괄평가를 주로 실시하여 학생들의 성취 수준을 알아보았습니다. 즉, 학생중심수업 – 결과중심평가 모습으로 수업과 평가가 일체화되지 못하고 분리된 모습이었지요. 이렇듯 교육과정 재구성과 학생중심수업은 현장에서 꾸준히 실천한 반면에 평가는 결과중심평가 테두리를 벗어나지 못했습니다.

왜 평가 요소는 교육과정이나 수업 요소보다 변화가 쉽지 않을까요? 우선 평가는 학교생활기록 작성 및 관리 지침, 학업성적 관리 지침, 학교평가 계획 등 별도 지침과 계획에 따라 실시하기 때문입니다. 즉, 교사가 자율권을 발휘하기가 교육과정, 수업보다 쉽지 않다는 것이지요. 또 평가 요소 변화에 대한 학부모를 비롯한 사회 전반의 지지를 얻기도 쉽지 않습니다. 대학입시라는 평가 블랙홀 앞에서 서열과 선발의 기본이 되는 총괄평가인 지필평가를 없애자는 것에 적극적으로 동의하는 학부모가 과연 얼마나 있을까요?

하지만 요즘 이런 평가 부분에 급격한 변화가 있었습니다. 2015 교육과정 발표 이후 등장한 과정중심평가라는 용어가 교육 현장의 거대한 태풍이 되었습니다. 학교생활기록 작성 및 관리 지침, 학업성적 관리 지침이 과정중심평가의 취지에 맞게 변화하고 있으며, 학교평가 계획도 대폭 수정되었습니다. 이에 따라 초등에서는 중간고사와 기말고사라는 말이 사라지고, 초 · 중등 모두 수행평가를 비롯한 평가 전반에서 재인식을 시작하고 있습니다. 즉, 교사는 수업 시간 중에 학생들이 활동하는 모습을 관찰하고, 다양한 방법으로 성취 정도를 평가하고, 이를 바탕으로 성취기준에 도달할 수 있도록 적절한 피드백을 주는 과정중심평가를 올바른 평가의 방향으로 받아들이기 시작한 것이지요.

과거의 일체화 패러다임에서는 교과서 진도 나가기식 수업 후 지필 평가 방식의 총괄평가를 실시했기 때문에 '교사중심수업 → 결과중심 평가' 순서대로 진행됩니다. 하지만 새로운 일체화 패러다임에서는 수업이 평가고 평가가 수업입니다. 즉, 수업을 하면서 평가를 하고(수업 → 평가), 평가 결과에 따른 피드백을 통해 수업이 계획과는 다르게 진행되기도 하지요(평가 → 수업). 이렇듯 새로운 일체화 패러다임에서는 수업과 평가도 상호 영향을 주는 '수업 ⇆ 평가'의 모습을 띠게 됩니다.

05
교사 전문성은 '교육과정 문해력'으로 완성된다

그럼 새로운 교육과정 - 수업 - 평가 일체화 패러다임에서 교사는 어떤 전문성을 갖추어야 할까요? 새로운 일체화는 교육과정 재구성 - 학생중심수업 - 과정중심평가로 이어지며, 이는 '교육과정 ⇄ 수업 ⇆ 평가'의 모습으로 상호 영향을 주면서 진행된다고 했습니다. 이를 교육과정 성취기준이 이동하는 순서대로 나타내면 다음과 같습니다.

새로운 교사 전문성: 교육과정 문해력

국가에서 주어지는 교과서에서 벗어나려면 교사는 자신만의 교과서를 만들어야 합니다. 즉, 교과서의 차시 순서를 변경하고 내용을 증감하거나, 교육과정 성취기준을 직접 읽고 해석하여 자기 나름의 수업을 계획하는 것이지요. 이렇게 교육과정을 재구성한 교사는 다양한 학생 활동을 중심으로 자신이 설계한 수업을 실천합니다. 즉, 교육과정 성취기준은 '교육과정 → 교사 → 학생' 순서대로 이동하지요. 이처럼 교육과정을 재구성하여 학생 활동 중심의 수업을 하려면 먼저 교육과정 이해가 선행되어야 합니다. 그동안 교과서에 쏟은 관심을 교육과정에 쏟아야 하는 것이지요. 교사는 교육과정 이해를 바탕으로 자신의 철학, 학생의 특성, 학교의 상황 등을 고려하여 수업을 만들고 실천합니다. 여기서 교사 역할은 자신만의 교육과정과 수업을 만드는 '기획자'입니다.

기획자로서 교사에게는 교육과정 이해를 바탕으로 학생들이 적극적으로 참여하여 성취기준에 도달할 수 있게 수업을 기획하는 것이 중요합니다. 이제 교사는 단순히 교과서 내용을 전달하는 것에서 벗어나 학생들이 즐겁게 활동하고 스스로 탐구할 수 있는 새로운 수업을 디자인하는 데 자신의 능력을 발휘해야 합니다. 이렇듯 새로운 일체화에서 교사 전문성은 교육과정을 바르게 읽고 해석하여 학생중심수업을 계획할 수 있는 '교육과정 문해력'이 됩니다.

다양하게 교육과정 문해력을 정의하고 있는데, 간단하게 말하면 '교육과정을 바르게 읽고 새롭게 쓰는 능력'입니다. 교육과정을 바르게 읽는다는 것은 교육과정 성취기준 의미를 정확하게 파악하는 것은 물론, 각 성취기준을 다른 성취기준과 종적·횡적인 관계 속에서 이해하고 해석하는 것입니다. 새롭게 교육과정을 쓴다는 것은 교육과정을 바르게 읽어 자신만의 수업을 기획하는 것이지요. 당연히 이때 수업은 학생중심수업의 모습을 보입니다. 이렇듯 교육과정 문해력이란 '교육과정 성취기준을 읽고 해석하여 자신의 수업을 기획하는 능력'이라고 할 수 있습니다.

교육과정 문해력이 교사 전문성으로 대두되면서 수업 테크닉은 서서히 그 중요성을 잃어 가고 있습니다. 이제는 자신만의 수업을 구상하고 기획하는 것이 더 중요해졌기 때문이지요. 또 교사 개인의 철학과 학생의 특성을 담은 수업을 비교하고 평가하여 등급을 준다는 것도 올바르지 않을 뿐만 아니라 쉽지도 않아 보입니다. 이에 따라 대부분의 시·도에서는 수업 테크닉 경연의 장이었던 수업발표대회를 폐지했습니다.

하지만 수업 테크닉이 중요성을 잃어 가고 수업발표대회를 폐지했다고 해서 수업 테크닉이 필요 없는 것은 아닙니다. 수업 테크닉은 교사중심수업을 하든 학생중심수업을 하든 간에 수업을 하는 교사에게는 꼭 필요합니다. 다만 수업 테크닉은 교사 전문성의 필요조건일 뿐이지 충분조건은 아닙니다.

교육과정 문해력으로서 교사 전문성은 어떤 특징이 있을까요?

첫째, 전문성은 교과 벽을 넘나듭니다. 그런데 교과 벽을 넘나드는 것에서 초등과 중등은 다른 양상을 띱니다. 초등에서는 한 교사가 모든 교과를 가르치기에 한 교과의 성취기준만으로 하는 교과 내 재구성과 여러 교과의 성취기준으로 하는 교과 간 재구성을 자유롭게 선택하여 교육과정을 재구성할 수 있습니다. 즉, 교과 벽은 교사의 교육적 판단에 따라 넘을 수도 있고 넘지 않을 수도 있는 것이지요.

이에 반해 중등은 자기 전공 교과가 확실하고 수업 테크닉이 있으면 전문성이 충분한 것으로 인정받을 수 있기 때문에 굳이 자기 전공 교과 벽을 넘을 필요는 없습니다. 중등에서 진행한 교육과정 재구성 사례가 대부분 교과 내 재구성인 이유이기도 하지요. 하지만 최근 중등에서도 전공이 다른 교과 교사들이 모여서 교과 융합 프로젝트 수업을 시도하는 사례가 늘어나고 있습니다. 어쩌면 교육과정 문해력이라는 전문성이 철벽 같은 중등 교과 벽도 조금씩 넘나들 수 있게 하는 것은 아닐까 싶습니다.

둘째, 전문성은 성취기준 단위로 발휘됩니다. 교육과정은 성취기준으로 제시되어 교육과정을 읽고 쓸 때 교사는 바로 이 성취기준을 읽고 수업을 구상하는 것입니다. 당연히 수업을 계획하는 단위가 성취기준이 되지요. 그렇기 때문에 차시 단위로 수업을 끊는 것이 아니라 하나의 성취기준 단위나 단원으로 이어집니다. 이제는 수업을 계획할 때도, 수업을 참관할 때도 성취기준을 하나의 단위로 생각해야 할 것입니다. 앞으로는 단지 한 차시 수업만 보고 교사의 수업 능력을 판단하는 일은 없었으면 좋겠습니다.

셋째, 전문성은 교사에게 여유를 가져다 줍니다. 과거 교과서를 기본으로 수업할 때는 매 차시마다 학습 목표라는 도달점이 있기 때문에 교사들은 항상 수업 시간에 바쁠 수밖에 없었습니다. 가령 국어 1단원이 8차시로 구성되어 있다고 하면, 1단원에는 학습 목표가 총 8개 있는 셈입니다. 교사가 수업으로 도달시켜야 하는 것이 8개나 된다는 의미죠. 이는 매 차시마다 100m 달리기를 전력으로 해야 하는 것과 같아 교사는 늘 숨이 찰 수밖에 없습니다.

하지만 교육과정 성취기준을 기본으로 수업하면 달라집니다. 국어 1단원은 8차시이지만 교육과정 성취기준은 2개뿐이므로 교사는 수업으로 두 도달점만 도착하면 되지요. 산술적으로 계산하면 '8차시 / 성취기준 2개 = 4차시 / 성취기준'이 됩니다. 즉, 4차시를 사용하여 하나의 성취기준에 도달할 수 있는 것입니다. 8차시마다 학습 목표에 도달해야 하는 것과 8차시 동안 성취기준 2개에 도달하는 것 중 어느 쪽이 교사가 더 여유롭게 수업할 수 있는 여건을 마련해 줄 수 있을까요?

교사 전문성을 이야기하다

"교사는 전문가인가요?"

이 질문에 대답하기가 쉬울 것 같으면서도 의외로 매우 어렵습니다. 대부분의 교사가 깊이 생각해 보지 않은 채 당연하게 우리는 전문가라고 말합니다. 일반인도 교사는 전문가여야 한다는 당위에는 동의합니다. 하지만 현실은 어떤가요? 교사는 스스로를 진정 교육 전문가로 생각하고 있을까요? 일반인도 교사를 전문가로서 인정하고 대우해 주나요? 한참을 고민한 후 우리는 다시 다음 질문을 던집니다.

"교사는 진짜 전문가인가요?"

어떤 사람을 전문가라고 할까요? 여러 학자가 제시한 수많은 정의가 있지만, 필자가 생각하는 전문가는 '자기 분야에서 수준 높은 지식(①)을 바탕으로, 자기 일을 자율적으로 기획(②)하고, 고도의 기술(③)을 사용하여 그것을 실행할 수 있는 사람'입니다. 필자가 생각하는 전문가의 핵심 요소는 수준 높은 지식, 기획의 자율성, 고도의 기술 이 세 가지입니다.

첫째, 전문가는 자기 분야에 대한 지식 수준이 높아야 합니다. 의사는 의학 분야에서, 판사와 변호사는 법학 분야에서 정확하면서도 깊이 있는 지식이 있어야 하지요. 일반인이 상식적 차원에서 접근할 수 있는 지식이 있다고 그 사람을 전문가라고 말하지는 않습니다. 이런 지식은 전문가에게 기본적으로 필요한 조건이지 충분한 조건은 되지 못합니다. 의학적 지식이 있다고 해서 그가 의사로서 진단이나 수술을 잘할 것이라고 단언할 수는 없기 때문이지요.

교사는 어떤가요? 교사는 교육학 분야와 전공 교과에서 지식 수준이 높습니다. 교원양성기관에서 주로 하는 교육이 바로 이런 이론적 지식을 갖추는 것이고, 교사 연수에서도 많은 비중을 차지합니다. 과거에는 이런 지식 중에서 교과서 지식이 가장 중요했다면, 앞으로는 교육과정(성취기준) 지식이 점차 중요해질 것입니다.

둘째, 전문가는 자신의 일을 자율적으로 기획할 수 있어야 합니다. '기획의 자율성' 이것은 필자가 생각하는 전문가의 가장 중요한 핵심 요소입니다. 의사는 환자를 진료할 때 자신의 의학 지식을 바탕으로 진단을 하고 자율적으로 치료 계획을 세웁니다. 자기 환자에 대한 진단과 치료 계획을 다른 의사가 간섭하거나 강요하면 어떻게 될까요? 전문가 세계에서는 간섭하고 강요할 일도 없겠지만, 그렇게 한다면 그 의사는 자기 전문성을 무시하지 말라며 크게 반발할 것입니다.

교사는 어떤가요? 학생들을 가르칠 때 자신의 교육학 및 교과 지식에 근거하여 스스로 교육과정과 수업 계획을 세워서 가르치고 있을까요? 혹시 다른 사람이 만든 교과서와 교사용 지도서에 제시된 대로 수업하라는 암묵적 간섭이나 강요를 당하고 있지는 않나요? 이런 간섭이나 강요를 당할 때 자기 전문성을 무시하지 말라며 반발하기보다는 교과서가 주는 안정감과 편안함을 선택하지는 않았나요? 교과서 진도 나가기식 수업을 할 때 교사는 자기 일을 스스로 기획하는 자율성을 잃어버리게 됩니다. 즉, 자기가 자율적으로 기획한 일을 하는 전문가가 아니라 다른 사람이 기획한 일을 수행만 하는 기능인이 되어 버리는 것이지요. 이런 관점에서 보면, 지금까지 교사는 어쩌면 전문가가 아니라 수업 테크닉에 능숙한 기능인이었을지도 모르겠습니다. 이제부터라도 교사는 교육학, 전공 및 관련 교과, 교육과정(성취기준)이라는 이론적 지식을 바탕으로 학생들에게 맞게 교육과정을 재구성하고 수업을 자율적으로 기획할 수 있어야 합니다. 필자는 이것이 바로 교사가 전문가로 인정받는 최선의 방법이라고 생각합니다. 또 교육과정 문해력이 필요한 이유이기도 하지요.

셋째, 전문가는 기획한 것을 고도의 기술을 사용하여 실행할 수 있어야 합니다. 의사는 진단을 하여 수술이 필요하면 고도의 의학 기술과 장비를 사용하여 수술을 합니다. 이런 수술 기술을 익히고 장비를 다루기까지 오랜 시간의 수련 생활을 거쳐야 하지요. 즉, 기술 수준이 높기 때문에 쉽게 배울 수 없고 노력이 장기간 필요한 것입니다.

그럼 교사는 어떤가요? 교과서로 수업을 하든 교육과정을 재구성하여 수업을 계획하든 간에 교사는 다양한 수업 테크닉과 자료를 활용하여 수업을 합니다. 그리고 이런 수업 테크닉을 익히기까지 여러 해 동안 연구하고 노력해야 하지요. 교사가 가장 많이 연수를 받고 노력하는 부분이 바로 수업 테크닉을 향상시키는 것으로, 어쩌면 수업 테크닉을 전문가의 충분조건으로 생각한 것은 아닌가 싶습니다. 하지만 앞서 언급한 것처럼 기획의 자율성과 분리되어 실행하는 고도의 기술은 전문가가 아니라 기능인의 충분조건일 뿐이라는 사실을 기억해야 합니다.

필자가 제시한 세 가지 핵심 요소 중에서 수준 높은 지식과 고도의 기술은 이미 교사가 충분히 갖추고 있습니다. 지금까지 훌륭하게 잘해온 교과서 진도 나가기식 수업은 교과서에 대한 수준 높은 지식과 수업 테크닉으로 유지되어 왔으니까요. 하지만 기획의 자율성이 없다면 교사는 기능인에 머무를 뿐 전문가로 나아가기 어렵습니다.

교사는 '교육과정 문해력'을 갖추어야 비로소 기획의 자율성을 가진 전문가가 될 수 있습니다. 교육과정 문해력을 갖추어야 교육과정을 읽고 해석하여 자신만의 수업을 자율적으로 기획할 수 있기 때문이지요. 이때 교사에게 필요한 지식은 교과서가 아니라 교육과정(성취기준)이며, 수업 테크닉은 자기가 기획한 수업을 실행할 수 있는 필요조건이라는 제자리를 찾아갈 수 있을 것입니다.

교육전문직

교직 사회에서 흔히 통용되는 말 중에 '교육전문직'이라는 것이 있습니다. 장학사나 교육연구사를 일컫는 말이지요. 그런데 장학사나 교육연구사는 수업을 하는 사람이 아니라 행정을 하는 사람입니다. 즉, 직접 교육을 하는 것이 아니라 교육과 관련한 행정을 하는 것이지요. 그렇다면 교육전문직이 아니라 교육행정전문직이라는 말이 바르지 않을까요? 아니면 그냥 장학사, 교육연구사도 좋을 것 같습니다.

교사가 전문가고 교직이 전문직이라면, 당연히 수업하는 모든 교사야말로 교육전문직입니다.

2부

교수평 일체화
: 학생중심수업을 완성하다

01
교수평 일체화 전환의 시작을 이야기하다

교과서 – 교사중심수업 – 결과중심평가의 일체화 패러다임에서 교육과정 재구성 – 학생중심수업 – 과정중심평가의 새로운 일체화 패러다임으로 전환은 과연 누가 왜 시작했을까요?

교육과정 – 수업 – 평가 일체화의 전환 또는 과정중심평가의 도입을 이야기할 때는 항상 두 가지를 언급합니다. 하나는 '4차 산업혁명 시대'고, 다른 하나는 '2015 교육과정'이지요. 즉, "우리가 살아갈 미래 사회는 4차 산업혁명 시대이기 때문에 이에 적합한 미래 인재를 길러야 하고, 그것을 위해서는 2015 교육과정에 제시된 6대 핵심 역량을 함양해야 한다. 그리고 이런 미래를 대비한 교육을 하기 위해서 우리는 새로운 일체화 패러다임으로 전환해야 하고 과정중심평가를 도입해야 한다. 특히 지금의 평가는 4차 산업혁명 시대에 도대체가 어울리지 않는 방식이니 4차 산업혁명 시대에 잘 어울릴 뿐만 아니라 2015 교육과정에도 제시되어 있는 과정중심평가로 바뀌어야 한다."라는 것입니다.

사회 담론	2015 교육과정 문서
4차 산업혁명 시대	미래 사회

⬇

미래 인재	창의융합형 인재

⬇

미래 교육	6대 핵심 역량

⬇

교육과정 – 수업 – 평가 일체화 패러다임의 변화

이처럼 새로운 패러다임으로 전환은 4차 산업혁명 시대라는 미래 사회 대비와 2015 교육과정 개정이라는 '외부 요인'에 따라 수동적으로 시작되었고, 2018년 과정중심평가의 해를 통해 완성되었다고 이야기합니다. 과연 그럴까요?

누가 왜 새로운 일체화를 시작했을까?

다음 드라마에는 어떤 공통점이 있을까요?

그렇습니다. 바로 인공지능 로봇이 주인공으로 등장합니다. 주로 인공지능 로봇과 이성 인간의 사랑을 다루고 있지요. 2017년 〈보그맘〉을 시작으로 2019년 〈절대그이〉까지 계속 인공지능 로봇이 등장하는 드라마를 제작하여 방영해 오고 있습니다. 아마 인공지능, 로봇, 빅데이터, 사물인터넷 등 4차 산업혁명 시대에 대한 사회 관심을 반영하고 있다 할 수 있겠지요.

그런데 왜 2017년부터 이런 드라마를 방영하기 시작했을까요? 그것은 우리 사회에 인공지능과 4차 산업혁명 시대를 바라보는 인식에 충격을 가져다 주었던 이세돌과 알파고의 대국이 바로 '2016년'에 있었기 때문입니다. 우리나라를 대표하는 세계 최고 수준의 바둑기사가 다른 나라도 아닌 바로 우리나라에서 인공지능 알파고와 대결하면서 전 국민의 관심이 온통 이 대국에 쏠렸지요. 대국 다섯 번 중 이세돌은 단 한

번밖에 이기지 못했지만, 이후 우리 사회는 인공지능과 4차 산업혁명 시대라는 담론에 열광합니다. 당시 모든 이야기는 기−승−전−인공지능이거나 기−승−전−4차 산업혁명 시대로 이어졌지요. 이렇듯 그동안 가끔씩 언급되던 4차 산업혁명 시대가 2016년 인간 이세돌과 인공지능 알파고의 대국 이후 우리 사회의 주류 담론이 되었습니다.

그런데 2015 교육과정이 고시된 것은 2015년 9월로, 우리 사회에 4차 산업혁명 시대라는 담론이 유행하기 이전입니다. 그렇기 때문에 2015 교육과정에는 미래 사회라는 말만 있을 뿐 4차 산업혁명 시대라는 말은 없습니다. 마치 2015 교육과정이 4차 산업혁명 시대를 대비하여 만든 것처럼 이야기하지만, 사실은 4차 산업혁명 시대를 염두에 두고 만든 교육과정은 아닙니다.

누군가는 2015 교육과정에 나오는 미래 사회가 바로 4차 산업혁명 시대라고 할지 모르겠습니다. 2015 교육과정은 2015년에 고시했고, 2017년부터 초등학교 1~2학년을 시작으로 각 학교·학급별로 순차적으로 학년이 올라가면서 시행하고 있습니다. 2015년 교육과정 고시와 2017년 시행 사이의 빈 기간인 2016년에 이세돌과 알파고의 대국으로 우리는 '2015 교육과정의 미래 사회 = 4차 산업혁명 시대'라는 온전하지 않은 등식을 당연하게 받아들인 것입니다.

결론적으로 2015 교육과정의 미래 사회가 꼭 4차 산업혁명 시대를 지칭하는 것은 아니며, 2015 교육과정이 4차 산업혁명 시대에 적합한 인재를 기를 수 있는 교육과정도 아니라는 것입니다.

또 2015 교육과정에서 제시하는 6대 핵심 역량을 기르려면 새로운 일체화 패러다임으로 전환해야 한다는 것도 의문스럽습니다. 1981년에 고시된 '4차 교육과정'부터 이미 교육과정을 재구성하라거나, 다양하게 교육 내용과 방법을 적용하여 학생중심수업을 하라거나, 과정을 중시하는 평가를 하라고 제시하고 있기 때문입니다.

〈4차 교육과정: 1981년 고시〉
* **교육과정과 교과용 도서**는 지역 사회 및 학교의 실정과 학생의 수준에 알맞게 **재구성하여 활용**할 수 있으며 (후략)
* 학생의 학습을 촉진할 수 있도록 **적절한 시기에 학습 정도를 확인**하고, 그 결과에 **따라 적절한 지도**가 이루어지도록 한다.

〈7차 교육과정: 1997년 고시〉
* 학생의 능력, 적성, 진로를 고려하여 **교육 내용과 방법을 다양화**한다.

〈2009 교육과정: 2009년 고시〉
* 평가는 **모든 학생들**이 교육 **목표를 성공적으로 달성**하기 위한 **교육의 과정으로** 실시한다.

지식이나 기능만이 아니라 역량을 함양하는 미래 교육을 하기 위해 새로운 일체화 패러다임으로 전환해야 한다지만, 역량이라는 용어조차 없던 오래전부터 새로운 일체화 패러다임의 각 요소는 이미 교육과정에 언급되어 있습니다. 즉, 새로운 일체화 패러다임으로 전환이 6대 핵심 역량을 기르는 2015 교육과정의 미래 교육만을 위한 것은 아니라는 점입니다.

이렇듯 새로운 일체화 패러다임으로 전환은 4차 산업혁명 시대라는 미래 사회에 대비하는 것도, 6대 핵심 역량을 기르는 미래 교육을 위한 것도 아닙니다. 그렇기 때문에 새로운 일체화 패러다임으로 전환이 시대 변화와 교육과정 개정이라는 '외부 요인'에 따라 수동적으로 시작했다는 말은 잘못된 것입니다.

그렇다면 새로운 일체화 패러다임으로 전환은 누가 왜 시작했을까요? 사실 교육과정 재구성 – 학생중심수업 – 과정중심평가의 새로운 일체화 패러다임으로 변화는 2015 개정 교육과정이 고시되는 2015년, 4차 산업혁명 시대가 주류 담론이 되는 2016년보다 훨씬 이전부터 이미 시작되었습니다. 교육과정 문서에도 이미 언급되어 있고, 교사의 다양한 시도도 축적되어 있으니까요.

자, 이제부터 새로운 교육과정 – 수업 – 평가 일체화 패러다임으로 전환은 누가 왜 시작했으며 어떻게 진행해 왔는지 알아보겠습니다.

그래서 학생중심수업이 시작된다

교과서 – 교사중심수업 – 결과중심평가라는 과거의 일체화 패러다임에서 가장 먼저 변화가 시작된 부분은 바로 '교사중심수업'입니다. 일체화 패러다임의 전환이 수업에서 시작했다는 것은 누가 왜 패러다임 전환을 시작했는지 알 수 있는 중요한 실마리가 됩니다.

학생과 교사에게 학교생활의 대부분은 수업입니다. 수업이 재미없고 지루하다면 일회성 이벤트형 행사들로 포장한다고 해도 학생들의 학교생활이 어떨지는 뻔해 보입니다. 그런데 교과서 진도 나가기식 교사중심수업은 전달자로서 능력이 탁월한 소수의 교사를 제외하고는 학생들이 재미있어 하고 즐겁게 참여할 수 있는 수업을 하기가 어렵습니다. 그래서 학생들에게 수업은 재미없고 학교는 즐겁지 않은 공간이 되어 버립니다.

그럼 학교가 즐거운 공간이 되고 학교생활이 즐거우려면 어떻게 해야 할까요? 당연히 수업부터 바꾸어야 합니다. 그래서 교사는 교과서 진도 나가기식 교사중심수업을 고민하면서 '수업 변화'에 집중하기 시작합니다.

"교과서를 좀 더 재미있게 가르칠 수 있는 방법에는 어떤 것이 있을까요?"
"학생들이 즐겁게 활동하고 참여할 수 있게 하려면 어떤 수업 방법을 활용해야 할까요?"

이렇듯 아직 교과서라는 틀을 벗어나지는 못했지만, 학생들이 수업을 재미있어 하고 수업에 적극적으로 참여할 수 있도록 교사는 다양한 수업 방법을 찾아보고 실천하기 시작합니다. 즉, '교사 스스로' 수업의 중심을 교사에서 학생으로 옮기는 변화를 시작한 것이지요. 그리고 이 변화를 시작으로 교육과정 – 수업 – 평가 일체화 패러다임의 전환도 시작됩니다.

어떤 수업이 기억이 날까?

혹시 학창 시절에 받은 수업 중에서 기억나는 수업이 있나요? 아마도 학창 시절 남아 있는 기억 중에 수업 장면은 없을 것입니다. 필자 역시 수업 기억을 더듬어 보아도 그다지 생각나는 것이 없네요. 특히 중·고등학교 때는 대부분의 시간을 학교에서 보냈음에도 어떤 수업을 받았는지조차 기억나지 않습니다. 초등학교부터 대학교까지 수많은 수업을 받았음에도 그중 기억나는 수업이 없다는 것은 참으로 안타까운 일이지요. 왜 우리 기억은 수업을 외면했을까요?

아마도 우리가 수업을 받았기 때문인 것 같습니다. 우리에게 수업은 주고받는 것으로 인식되어 있습니다. 교사가 '주는' 수업을 학생은 '받는다'고 생각한 것이지요. 이렇듯 수업은 내가 능동적으로 해야 하는 것이 아니라 수동적으로 받는 것이다 보니 기억에 남아 있지 않습니다.

우리가 하는 수업을 두 가지 여행 형태와 비교해 보겠습니다. 우리는 편리하고 값이 싼 패키지 단체여행을 많이 이용합니다. 여행사에서 코스를 짜 주고 가이드는 가는 곳마다 자세하게 설명해 주지요. 숙소 걱정도, 식사 걱정도 할 필요가 없습니다. 그냥 여행사에서 진행하는 대로 따라다니기만 하면 됩니다. 하지만 이렇게 갔다 온 여행은 시간이 지나면 어디에 갔었는지 무엇을 보았는지 잘 기억이 나지 않습니다.

이에 반해 자유 배낭여행은 스스로 이 책 저 책을 읽고 코스를 짜야 하고 비행기와 숙소 예약도 직접 해야 합니다. 여행지에 가서는 원하는 곳으로 알아서 이동해야 하고 어디에서 무엇을 먹을지도 결정해야 합니다. 자유 배낭여행은 이렇게 자기가 스스로 만들어 가는 것이기에 오랜 시간이 지나도 생생하게 기억나는 장면이 많습니다.

우리 수업도 마찬가지 아닐까요? 교과서 진도 나가기식 교사중심수업은 패키지 단체여행과 흡사합니다. 학생은 스스로 무언가를 하려고 하지 말고 교사에게 전적으로 맡기면 됩니다. 계획한 시간표대로 수업은 착착 진행되고, 교사가 교과서도 자세하게 설명해 줍니다. 그렇지만 조금만 시간이 지나면 무엇을 공부했었는지, 어떤 내용이었는지 잘 기억나지 않습니다. 한편 학생중심수업은 자유 배낭여행과 비슷합니다. 학생들은 스스로 학습 계획을 짜고 어떤 자료를 조사하고 활용할지 결정해야 하며, 친구들과 협의하여 문제를 해결하기도 합니다. 오랜 시간이 지나도 공부한 내용이 생생하게 기억날 가능성이 높습니다.

어떤 것들이 오랫동안 기억날까요? 재미있었거나 자기에게 의미가 있는 것은 오래도록 기억에 남습니다. 수업도 마찬가지입니다. 재미있거나 의미 있는 수업은 학생들의 기억에 오래 남을 것입니다. 그렇기 때문에 교사는 학생들에게 남이 주는 것을 수동적으로 받는 패키지 단체 여행 같은 수업보다는 자기 스스로 계획하고 실천하면서 능동적으로 움직이는 자유 배낭여행 같은 수업을 해야 하지요.

교사 중심의 교수에서 학생 중심의 학습으로

학교가 즐거운 공간이 되고 학교생활이 즐거우려면 먼저 수업을 바꾸어야 합니다. 교사는 수동적인 수업이 아니라 학생들이 스스로 계획하고 실천하면서 능동적으로 움직이는 수업을 시도하여 기억에 남는 수업, 재미와 의미가 있는 수업을 만들었습니다. 교과서 진도 나가기식 '교사중심수업'에서 벗어나 학생들이 수업에 적극적으로 참여하는 '학생중심수업'으로 수업 중심을 변화시켰습니다. 이것은 교사가 얼마나 잘 가르치는지의 '교수'를 강조한 것에서 학생들이 얼마나 잘 배웠는지의 '학습'을 강조한 것으로 변화했음을 의미합니다.

먼저 교사는 인*스쿨 같은 교육 웹 사이트에서 다양한 활동 자료를 찾아 수업 시간에 활용합니다. 전국의 교사가 올린 PPT 자료나 동영상 자료, 학습지 등을 수업에 활용하여 교과서의 지루함을 달래고 학생들이 재미있게 수업할 수 있도록 노력하지요. 하지만 이런 교육 웹 사이트에 있는 자료는 대부분 교과서 차시별로 제시되어 있다는 한계가 있습니다.

또 교사는 토론수업, 프로젝트 수업, 하브루타, 배움의 공동체, 거꾸로 교실 등 학생 참여를 기본으로 하는 다양한 수업 방법을 공부하고 실천합니다. 교사가 일방적으로 교과서 지식을 전달하지 않고 학생들이 토론, 협의, 질문, 조사 등 다양한 참여 활동을 하면서 재미있고 즐겁게 수업을 하는 것입니다. 교사는 이런 수업 방법을 적용하려고 교과서 차시 순서를 바꾸고 교과서 내용을 증감하기도 하면서 교과서를 재구성합니다.

그런데 학생중심수업을 하면 교사중심수업을 하는 것보다 학생들이 진짜 잘 배울까요? 학생 활동을 중심으로 하는 수업을 참관한 후 흔히 말하듯이 재미있고 즐거운 활동으로만 그치고 의미 있는 학습으로 이어지지 않는 것은 아닐까요?

'학습 효율성 피라미드'에 그 답이 있습니다. 교사중심수업에서 주로 사용하는 학습 방법은 수동적 학습 방법에 해당하는 '강의 듣기, 읽기, 시청각 수업 듣기, 시범 강의 보기'로 학습 효율성은 5~30% 정도로 아주 낮습니다. 이에 반해 학생중심수업에서 주로 사용하는 학습 방법은 능동적 학습 방법인 '집단 토의, 실제 해보기, 서로 설명하기'로 학습 효율성도 50~90%로 상당히 높습니다. 즉, 학생중심수업은 교사중심수업보다 재미있고 즐거울 뿐만 아니라 학생들의 배움에도 더 효율적이라는 것이지요.

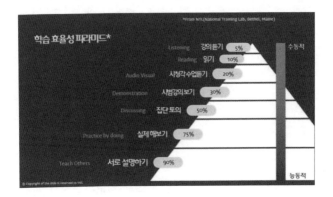

학생 활동 중심의 수업을 보고 재미에만 그칠 뿐 의미로 이어지지 않는다고 한 것은 어쩌면 교사 중심인 교수 입장에서 수업을 보았기 때문이지 않을까요? 교사가 설명하면 5분 만에 끝낼 내용인데 40분 활동을 하고도 끝내지 못했을 뿐 아니라 학생들이 그 시간에 배워야 할 기본 지식조차 알지 못하는 비효율적이고 비효과적인 수업이라는 것이지요.

하지만 학생 중심의 학습 입장에서 수업을 보면 다르지 않을까요? 진정한 학습은 결국 학생에게 배움이 일어나야 하는 것이지요. 교사가 멋지게 5분 만에 설명해서 가르쳤지만 하루만 지나도 학생들이 기억하지 못하는 것과 지금 당장은 잘 모르지만 친구들과 함께 활동을 하면서 조금씩 알아가는 것 중 무엇이 더 진정한 학습일까요?

사실 어떤 형태로 진행하든 수업 목표를 잘 달성할 수 있다면 그것이 최적의 수업 방법이라고 할 수 있습니다. 교사중심수업이든 학생중심수업이든 수업 목표 달성 정도가 같다면 굳이 어떤 방식으로 하는 것이 좋다는 말을 할 이유가 없지요. 그렇지만 수업 목표의 달성 정도가 같다면 학생들이 보다 재미있어 하고 즐겁게 참여하는 수업을 선택하는 것이 타당하지 않을까요?

수업을 만드는 상상력, 교육과정 재구성

교사는 수업을 재미있고 의미 있게 하려고 교육과정을 재구성하며, 수업으로 학생들이 성취기준에 도달할 수 있도록 돕고자 과정중심평가를 하는 것입니다. 즉, 교육과정 – 수업 – 평가 일체화 요소 중에서 중심이 되는 핵심 요소는 바로 '수업'이지요(교육과정 ← 수업 → 평가). 수업을 중심으로 수업에서 교육과정의 방향으로, 수업에서 평가의 방향으로 일체화는 진행됩니다. 그래서 새로운 일체화가 진행된 순서는 '수업 → 교육과정 → 평가' 순서입니다.

교육과정 – 수업 – 평가

교육과정 재구성 ← 학생중심수업

수업 중심이 교사에서 학생에게로 옮겨 가지만, 여전히 교과서라는 틀을 벗어나지 못하는 교사는 답답합니다. 교과서 차시 순서를 바꾸고 활동 내용을 변경하면서 학생들에게 재미있고 활동적인 학습을 하기에는 한계가 있지요. 이제 교사의 눈은 교육과정을 향합니다. 그리고 좀 더 재미있고 의미 있는 수업을 만들고자 교육적 상상력으로 교육과정을 재구성하기 시작합니다.

교과서에 대한 환상을 버려라

지금은 많이 없어졌지만 여전히 우리나라 사람들은 교과서에 환상을 가지고 있습니다. 교과서는 그 교과에서 가장 뛰어난 교사들이 심혈을 기울여 만든 무언가 대단한 것이라고 생각하지요. 또 교사는 여러 가지 활동 중심의 수업을 하더라도 교과서로 진도를 나가지 않으면 수업을 하지 않은 것처럼 느끼기도 합니다. 교과서에 실린 문학이나 예술 작품이라면 대단하다고 생각하기에 교과서 내용은 굳이 그 진위 여부를 따지지 않고 받아들입니다.

하지만 이런 교과서에 환상을 버리지 못한다면, 교육과정을 바라보기는커녕 교과서를 벗어나기조차도 쉽지 않습니다. 환상을 버릴 수 있는 가장 좋은 방법은 바로 현실을 보여 주는 것이지요. 그래서 필자가 직접 했던 교과서 집필 이야기를 들려주려고 합니다. 필자의 개인적인 이야기이니 절대로 일반화의 오류는 범하지 말고 그냥 편하게 들으세요. 다만 들으면서 아주 조금만, 그리고 아주 잠깐만 교과서에 대해 고민해 보세요.

"2007 개정 교육과정에 의한 초등학교 1~2학년 통합 교과용 국정 도서 개발"

필자가 2007년도에 참여한 교과서 집필 작업의 정식 이름입니다. 필자는 '1학년 즐거운 생활' 교과서를 집필했는데, 첫 워크숍에 가니 교과서 단원에 따라 집필 팀이 구성되어 있었습니다. 첫 워크숍, 첫 팀별 모임에서 맨 처음으로 한 일은 자기가 맡을 교과를 나누는 것이었습니다. 초등학교 현장에서 즐거운 생활 교과는 체육, 음악, 미술이 모여 있거나 섞여 있는 교과라고 말합니다. 필자가 속한 팀은 총 4명으로 체육과 교수, 체육 전공 교사, 음악 전공 교사 그리고 필자로 구성되어 있었습니다. 필자는 대학원에서 교육과정을 전공했고 교육대학교에서 통합교과론을 강의하고 있었습니다. 자 여기에서 질문 하나, 과연 필자는 어떤 과목을 맡았을까요? 당연히 미술이었습니다. 필자는 미술을 진짜로 싫어하는 사람인데 말이지요.

우선 첫 워크숍에서 교과서 환상이 많이 깨졌습니다. 특히 필자가 미술을 맡으면서 환상이 거의 깨져 버렸지요. "교과서 집필은 그 교과의 진짜 전문가들이 하는 줄 알았는데 부끄럽게도 나 같은 사람도 하는구나."라고 생각했던 것입니다. 또 통합 교과인 즐거운 생활을 교과서로 만들 때 통합 교과답지 않게 변해 버리는 모습에서 교육과정도 문제이지만 교과서가 더 큰 문제가 아닐까 생각했습니다.

이렇듯 첫 워크숍에서 깨지기 시작한 교과서 환상은 이후 교과서 집필 작업을 하면서도 계속 되었습니다. 필자는 교과서에 대한 환상이 서서히 깨지면서 교과서를 다시 보게 되었고, 교과서에 대한 환상을 조금씩 버릴 수 있었습니다.

04
교직 8년 차, 신선생의 교과서
집필 스토리를 공개하다

필자가 교과서 작업에 참여한 것은 교직 경력 8년 차 때였습니다. 교과서를 바이블로 여기며 수업을 하고 있었기에 교과서 작업에 참여할 수 있어 내심 뿌듯했습니다. 하지만 교과서 집필에 참여하면서 그동안 교과서에 품고 있던 환상에서 벗어날 수 있었으니 조금은 아이러니하기도 하네요.

그럼 이제부터 필자가 어떤 과정에 따라 교과서를 집필했는지 들려주겠습니다.

내용과 코드표

　1학년 즐거운 생활 교육과정을 보면 '내용'이 있습니다. 내용은 '대주제 – 활동 주제 – 성취기준 – 하위 요소(표준 내용)' 순서로, 이 부분을 학년별로 정리하여 보기 좋게 '코드표'를 만듭니다. 교과서 집필을 기획하고 진행하는 본부에서는 효율적으로 작업할 수 있도록 미리 단원별로 표준 내용을 나누어서 코드표 끝부분에 '관련단원'으로 표시해 줍니다. '1 – 2 – 1'로 표시되어 있다면 그 표준 내용은 1학년 2학기 1단원에서 사용하는 것이지요. 여기에서 중요한 점은 팀별로 작업을 하다 필요할 때 표준 내용을 추가할 수는 있지만 배당된 표준 내용을 빼면 안 된다는 것입니다. 교육과정 내용은 하나라도 누락하면 안 되니까요.

1학년 즐거운 생활 교육과정: 내용　　　　　1학년 즐거운 생활 교육과정: 코드표 참고로 필자가 교과서 집필에 참여한 2007 교육과정에서는 성취기준이라는 용어를 도입은 했으나, 모든 교과에서 사용하지는 않았습니다. 그래서 내용이라고 하는 교과, 성취기준이라고 하는 교과, 내용과 성취기준을 함께 사용하는 교과로 나뉘어 있었지요. 내용 부분을 성취기준이라는 용어로 통일한 것은 2009 교육과정부터입니다.

집필 세목 만들기

이제부터 팀별 작업이 시작됩니다. 다른 교과라면 필요 없는 과정이지만, 우리 팀은 '즐거운 생활' 교과라서 먼저 과목부터 나누었습니다. 그리고 교과서 단원명, 차시 주제, 주요 활동 내용 등을 어떻게 할지 협의를 거쳐 1차 집필 세목을 만들었습니다. 이후 몇 차례 협의를 더 거쳐 최종적으로 집필 세목을 완성했습니다. 이렇게 교과서 집필 세목의 주요 활동 내용은 팀별로 교사 3~4명이 협의한 결과로 만듭니다.

집필 세목을 만드는 작업도 교과서를 다시 보는 계기가 되었습니다. 전국의 모든 교사가 볼 교과서 단원 내용을 고작 3~4명이 모여서 몇 번의 협의를 거쳐 만들다니……. 그동안 교과서 내용은 무언가 엄청 대단할 것 같다는 생각에서 "어, 교과서 조금 쉽게 보아도 되겠는데."라고 바뀌게 되었지요. 또 마음 맞는 교사들과 모여서 좀 더 깊이 있게 협의하면 교과서보다 좋은 내용을 만들 수 있을 것 같다고도 생각하게 되었습니다.

즐 1-2-2 집필 세목

학기	즐거운 생활 1-2	단원명	2. 함께하는 한가위	단원의 성격	통합	O
					교과	

단원 목표	1. 한가위에 조상들이 했던 민속놀이를 알아본다. 2. 안전에 유의하며 간단한 민속놀이 도구를 만든다. 3. 규칙과 방법을 익혀 즐겁게 민속놀이를 한다. 4. 전통 놀이를 감상하고 그 느낌을 다양하게 표현한다.

차시	차시 주제	주요 활동 내용	쪽수	교육과정 관련
1	단원학습 계획	한가위에 우리 조상들이 했던 민속놀이를 알아보기	2	단원 코드 전체
2	'대문 놀이' 노래 부르기	'대문 놀이' 노래 부르며 놀이하기	2	1-3-10
3	줄다리기	줄다리기의 규칙과 방법을 알고 즐겁게 놀이하기	2	4-12-47
4	민속놀이 감상하기	강강술래	2	4-12-48
5~6	제기 만들어 놀이하기	• 간단한 방법으로 제기 만들기 • 규칙과 방법을 익혀 제기를 이용하여 다양한 놀이하기	2	4-12-46 4-12-47
7~8	민속놀이 장면 그리기	민속놀이의 경험을 그림으로 나타내기	2	4-14-55
9~10	송편 만들기	고무 찰흙으로 송편 만들기	2	3-7-26
11~12	단원학습 정리	민속놀이 한마당	2	단원 코드 전체

차시별 개별 작업

팀 협의를 거쳐 집필 세목을 어느 정도 만들면 자기가 맡은 과목에 해당되는 차시는 개별적으로 작업을 합니다. 우선 자기가 맡은 차시의 각 페이지를 전체적으로 어떻게 구성할지 생각합니다. 그리고 각 부분에 사용할 삽화, 사진, 그림, 악보 등은 어떤 것으로 할지 결정하지요. 전체 구성과 세부 요소들이 결정되면 슬라이드 노트에 자세한 설명을 덧붙여서 PPT로 만듭니다. 여기까지가 집필하는 교사가 할 일입니다. 그런데 차시별 작업은 그 부분을 맡은 교사가 전적으로 책임을 지고 혼자 작업합니다. 좋게 보면 100% 자율성을 보장한 것이지만, 그 차시를 책임진 교사에 따라 내용 수준이 달라질 수 있지요.

교과서 제작

이후 작업은 교과서를 만드는 출판사에서 합니다. 출판사에서는 교사가 만든 PPT를 보고 원하는 삽화나 사진, 그림을 넣어 교과서 초본을 만들어 줍니다. 그러면 팀별로 초본을 보고 수정할 것, 보충할 것 등을 포함한 피드백을 합니다. 이런 과정을 거쳐 실험본을 만들고, 이어 최종본인 정식 교과서가 나옵니다. 그런데 우리가 작업한 교과서에서는 실험본을 거쳐 최종본을 완성할 때, 해당 집필자에게 사전에 아무런 말도 없이 삽화, 참고 작품 등을 바꾸는 경우가 제법 있었습니다.

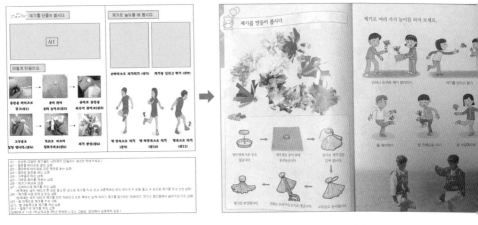

차시별 교사 집필 계획 PPT   교과서

교과서 환상에서 벗어나기

　필자는 교과서 집필을 경험하면서 교육과정 내용(성취기준)을 교과서로 어떻게 만드는지 알 수 있었습니다. 그 과정 속에서 교과서에 대한 환상에서 많이 벗어날 수 있었지요. 즐거운 생활은 통합 교과인데 체육, 음악, 미술로 나누어 분절로 교과서를 작업한다는 것, 필자가 미술 과목을 맡았을 뿐 아니라 여러 미술 참고용 작품을 만들었고 그것이 교과서에 실렸다는 것, 교사 3~4명이 단원을 집필한다는 것, 단원의 차시는 전적으로 교사 1명이 집필한다는 것, 집필자에게 사전에 아무런 말도 없이 교과서 내용과 참고 작품 등을 바꾼다는 것, 교과서와 교사용 지도서를 집필하는 데 주어진 시간이 너무나 짧다는 것 등 말이죠.

그러면서 "교과서는 완벽하지 않구나.", "마음 맞는 선생님들과 우리만의 교과서를 만들어도 되겠네."라는 생각을 가졌습니다. 이후 교과서를 바라보는 필자 마음은 많이 바뀌었고, 교과서대로 수업하기보다는 필자가 좋아하는 소재나 내용을 가져오기도 하고 아예 교과서 대신에 다른 내용으로 수업하기도 했습니다.

여러분은 필자의 교과서 집필 스토리를 어떻게 들었나요? 조금은 교과서를 무시⑦할 마음이 생겼나요? 그런 마음이 조금이라도 생겼다면, 10년이 지났음에도 차마 말하기 부끄러운 일을 글로 쓰고 있는 필자 모습이 나중에 덜 후회스러울 것 같습니다.

교육과정 재구성: 교과서를 넘다!
상상력을 넓히다!

"교과서 내용에서 벗어나 좀 더 자유롭게 수업을 구상하면 안 될까요?"

"이 교과와 저 교과를 연결해서 재미있고 활동적인 수업을 하면 어떨까요?"

교사는 학생 활동 중심의 수업을 시도하면서도 여전히 교과서 테두리를 크게 벗어나지 못합니다. 교과서에 나오지 않는 것은 시험 문제로 출제하지 못하게 했던 현실이었으니, 어떻게 자신 있게 교과서를 벗어날 수 있었겠어요? 그래서 우선은 교과서 단원의 차시 순서를 바꾸고 내용을 증감하거나 변경하면서 교과서 재구성을 시도했습니다. 하지만 교과서를 벗어나지 못하는 갑갑함은 여전합니다. 결국 이 갑갑함에서 벗어나고자 교사의 눈은 교육과정을 향합니다. 그리고 교과서를 벗어날 용기를 얻습니다. 이미 교육과정 문서에는 오래전부터 교과서를 벗어나도 된다고, 교육과정을 재구성할 수 있다고 명시되어 있으니까요.

〈4차 교육과정: 1981년 고시〉

* **교육과정과 교과용 도서**는 지역 사회 및 학교의 실정과 학생의 수준에 알맞게 **재구성하여 활용**할 수 있으며 (후략)

〈5차 교육과정: 1987년 고시〉

* **교육과정과 교과용 도서**는 지역 사회 및 학교의 실정과 학생의 수준에 알맞게 **재구성하여 활용**할 수 있다.

〈6차 교육과정: 1992년 고시〉

* **교과와 특별 활동의 내용 배열**은 반드시 학습의 순서를 의미하는 것이 아니므로, **필요한 경우에 순서와 비중, 방법 등을 조정**하여 운영할 수 있다.

〈2009 교육과정: 2009년 고시〉

* **교과와 창의적 체험 활동의 내용 배열**은 반드시 학습의 순서를 의미하는 것이 아닌 예시적인 성격을 지니고 있으므로, **필요한 경우**에 지역의 특수성, 계절 및 학교의 실정과 학생의 요구, 교사의 필요에 따라 각 교과목의 학년별 목표에 대한 **지도 내용의 순서와 비중, 방법 등을 조정하여 운영**할 수 있다.

〈2015 교육과정: 2015년 고시〉

* **교과와 창의적 체험 활동의 내용 배열**은 반드시 학습의 순서를 의미하는 것은 아니므로, 지역의 특수성, 계절 및 학교의 실정과 학생의 요구, 교사의 필요에 따라 각 교과목의 학년군별 목표 달성을 위한 **지도 내용의 순서와 비중, 방법 등을 조정하여 운영**할 수 있다.

교육과정과 교과서를 재구성하여 활용할 수 있다는 것은 놀랍게도 1981년에 고시된 '4차 교육과정'에서 처음으로 등장했습니다. 아직 학교 현장에서는 교과서가 바이블처럼 절대적 지위를 유지하던 때인데, 이렇게 언급하고 있다니 신기할 따름입니다. 교육과정 재구성은 물론이고 교과서 재구성조차 학교 현장에서는 할 수도 없었고, 어찌 보면 할 필요도 없었는데 말이죠. 이후에 고시된 교육과정에서도 교육과정과 교과서 내용을 재구성 또는 조정할 수 있다는 문구가 계속해서 나옵니다.

계속해서 교육과정에 있던 이 문구들은 당시에는 할 수 없는 꿈만 같았던 교육과정과 교과서 재구성을 위한 디딤돌 역할을 합니다. 학생 중심수업을 하려고 교사들은 이미 다양한 방법으로 교과서 재구성을 실천하고 있었는데, 교육과정도 재구성할 수 있다는 문구에 자신감을 가지고 교과서를 벗어나는 도전을 시작한 것이지요. 드디어 교과서 재구성의 테두리에서 벗어나 성취기준을 중심으로 교육과정을 재구성하는 단계로 나아갑니다.

"교과서가 아니라 교육과정을 가르쳐라."

한때 학교 현장에서 유행처럼 회자되던 말입니다. 당시 '교육과정을 가르쳐라'는 교과서를 있는 그대로 가르치는 것이 아니라 성취기준을 중심으로 교과서를 분석하고 재구성하여 가르치자는 의미였습니다. 즉, 학생들을 교육과정 성취기준에 도달시키는 데 교과서가 얼마나 효과적인지를 고민하자는 것이지요. 교과서가 효과적이라면 그대로 사용하고 효과적이지 않다면 성취기준을 중심으로 교과서 또는 교육과정을 재구성하여 효과적으로 가르치자는 것입니다. 결국 교과서 틀 안에서 교과서를 재구성하던 단계에서 교육과정의 틀 안에서 교과서 또는 교육과정을 재구성하는 단계로 나아가자는 의미입니다.

또 이 말은 이제부터 교육과정 자료 중 하나인 교과서가 아니라 교육과정 그 자체에 초점을 맞추자는 선언이기도 했습니다. 지금까지 우리는 '교과서 = 교육과정'으로 여기며 교육과정과 교육과정 자료를 바르게 구분하지 못했지요.

'교육과정'은 말 그대로 국가에서 고시하는 교육과정 문서로 교사는 반드시 따라야 합니다. 반면 '교육과정 자료'는 교육과정을 효과적으로 실현시키려고 만든 자료로 교과서, 교사용 지도서, 교수학습 자료, 시험지 등이 해당합니다. 당연히 교사가 자유롭게 선택하거나 만들어서 사용할 수 있지요.

이렇듯 교과서는 교육과정 자료일뿐 교육과정이 아닙니다. 이제는 교육과정과 교육과정 자료를 바르게 구분하고 교육과정에 좀 더 초점을 맞추어야 합니다. 이것은 교육과정 재구성으로 갈 수 있는 출발점이 될 것입니다.

교육과정 vs 교육과정 자료

교육과정	교육과정 자료
국가에서 고시한 교육과정 문서	교과서, 교사용 지도서, 교수학습 자료, 시험지
교사가 반드시 따라야 하는 것	교사의 자율적 선택 및 제작이 가능한 것

교과서 – 교육과정 재구성 스펙트럼

교사 중심에서 학생 중심으로 수업 변화를 시도히먼시 나타나는 교과서 – 교육과정 재구성 스펙트럼을 정리하면 다음과 같습니다.

① 교사 중심의 교과서 진도 나가기식 수업 → ② 교과서 진도는 나가지만 학생중심수업을 위한 교과서 재구성(교과서 틀 안에서 교과서 재구성) → ③ 성취기준 중심의 교과서 재구성(교육과정 틀 안에서 교과서 재구성) → ④ 성취기준 중심의 교육과정 재구성(교육과정 재구성)

교과서 – 교육과정 재구성 스펙트럼

교과서 진도 나가기	교과서 재구성		교육과정 재구성
교과서 내용 그대로	교과서 차시, 내용 증감	성취기준으로 교과서 내용 변경, 차시 변경, 내용 증감	성취기준으로 수업 내용 재구성

교과서 중심　　　　　　　　　　　　　　　　**교육과정 중심**

교과서 – 교육과정 재구성 스펙트럼의 마지막 범위는 성취기준 중심의 교육과정 재구성입니다. 즉, 교과서 테두리를 완전히 벗어나 교육과정 성취기준을 바탕으로 자신만의 수업을 기획하는 것이지요. 이 단계는 교사의 교육 철학과 학생 특성 이해를 바탕으로 교사마다 자신만의 교육과정을 만드는 단계입니다. 흔히 교육과정을 재구성한다고 하면 바로 성취기준 중심의 교육과정 재구성을 의미합니다. 교과서를 벗어나 교육과정 안에서 자유롭게 노는 수준이 되는 것입니다.

이때 교사에게는 무엇이 가장 필요할까요? 예, 당연히 교육과정 문해력입니다. 그럼 교육과정 문해력을 제외하고 꼭 필요한 교사의 능력은 무엇일까요? 필자는 '교육적 상상력'이라고 생각합니다. 학생들과 즐겁게 수업을 할 수 있는 것이라면 과감히 상상할 수 있어야 합니다. 학생들과 재미있게 놀 수 있는 것이라면 과감히 시도할 수 있어야 합니다. 이것저것 현실을 고려하기 시작하면 아무것도 하지 못합니다. 상상해야 기획하고 시도할 수 있고 교과서 너머의 수업도 만들어 갈 수 있습니다.

그런데 이런 교육적 상상력은 언제 생길까요? 아마 바쁠 때보다는 시간이 여유로울 때 생길 것입니다. 바쁘면 수업을 상상하고 기획할 시간이 없습니다. 교사에게 '여유'가 필요한 이유입니다. 교육과정 재구성이 학교 현장에서 제대로 뿌리내릴 수 있게 하려면 교육과정 문해력에 대한 연수와 지원도 필요하지만, 교육적 상상력을 마음껏 발휘할 수 있도록 교사에게 여유를 주어야 합니다. 그런 여유는 주지 않고 교육과정 재구성을 하라면 제대로 된 자신만의 수업이 나올 수가 없을 것입니다.

교육과정 너머

사실 지금 하고 있는 우리 수업을 보면 교과서 진도 나가기식 교사중심수업에서 성취기준 중심의 교육과정 재구성까지 여러 종류가 섞여 있습니다. 교과서 진도 나가기식 교사중심수업만 하거나 성취기준 중심의 교육과정 재구성만 하는 교사는 아주 드물 것입니다. 교과서 진도 나가기식 교사중심수업도 하고 성취기준 중심의 교과서 재구성도 하며, 또 어떨 때는 그냥 교과서 재구성을 할 때도 있을 것입니다.

교육과정 재구성을 하면서 재미있고 의미 있는 학생중심수업을 실현할 수 있다 하더라도 모든 수업을 재구성하기는 너무 힘든 것 또한 현실입니다. 교사에게는 교육과정 자료의 하나이기는 하지만, 제법 잘 만들어진 교과서가 있으니 이것을 활용하는 것도 필요합니다. 다만 그동안 하던 수업에서는 교과서 진도 나가기와 교과서 재구성의 비율이 훨씬 높았다면, 앞으로는 교육과정 재구성의 비율을 조금씩 높이면 더 좋을 것 같습니다.

그런데 교육과정 재구성을 하다 보면 또 어느새 답답함이 생깁니다. 성취기준을 벗어나지 못하는 답답함이지요. 미국이나 캐나다에서는 성취기준을 주기도 하지만 교사가 자율적으로 성취기준을 만들어서 쓸 수도 있다고 합니다. 우리나라보다 훨씬 더 자유롭게 교사의 철학, 학생의 요구와 특성을 반영한 수업을 기획할 수 있는 여건인 셈이지요.

"교과서 → 교과서 너머 → 교육과정 → 교육과정 너머"

언젠가는 우리도 국가에서 주어지는 교육과정 성취기준을 벗어나서 교사가 자율적으로 만든 성취기준으로 수업을 구성할 수 있는 날이 오길 기대해 봅니다.

06

결국 평가가 중요하다! 과정중심평가의 등장
: 줄.탁.동.시

교육과정 – 수업 – 평가

교육과정 재구성 ← 학생중심수업 → 과정중심평가

교사는 교과서 진도 나가기식 교사중심수업을 학생들이 수업에 적극적으로 참여하는 학생중심수업으로 변화시켰으며, 좀 더 자유롭게 재미있고 활동적인 수업을 구상하려고 성취기준을 중심으로 교육과정을 재구성했습니다. 이렇게 교육과정-수업은 '교육과정 재구성-학생중심수업'으로 일체화가 되었지요. 그럼 이제 새로운 교육과정-수업-평가 일체화의 마지막 퍼즐인 평가 요소를 바꾸어야겠지요?

배움을 죽이는 킬러

지금까지 학교에서는 학생들이 성취 수준을 알아보려고 선택형이나 단답형 문항 위주로 구성된 지필평가 방식의 총괄평가를 주로 실시했습니다. 이런 결과 중심의 총괄평가는 교과서 – 교사중심수업으로 이어지는 과거의 일체화에서는 당연했지요. 하지만 교육과정 재구성 – 학생중심수업을 하고 결과중심평가를 한다면, 즉 '교육과정 재구성 – 학생중심수업 – 결과중심평가'로 이어진다면 어떨까요?

아무리 교육 방식이 바뀌어도 시험이 기존 틀을 벗어나지 못한다면 시험은 킬러가 될 뿐이다. 아무도 눈치채지 못하게 소리 없이 학생들의 배움을 죽이는 킬러 말이다.

– 에릭 마주르 교수, 하버드대 물리학과

새로운 일체화로 전환은 교사의 가르침이 아니라 학생들의 즐거운 배움을 위한 것입니다. 그렇기 때문에 교육과정을 재구성하여 학생중심수업을 한다 해도 평가가 변화지 않는다면 일체화 전환 효과는 크지 않지요. 교사도 당연히 이 사실을 알고 교육과정 재구성 – 학생중심수업 흐름에 맞는 평가 방법을 찾으려고 노력합니다. 예를 들어 프로젝트수업을 진행하면서 수업 중 형성평가와 수행평가를 내실 있게 하며 피드백을 주기도 하고 관찰평가, 작품평가, 실기평가 등 다양한 평가 방법을 도입해 시도하지요.

하지만 이런 노력에도 평가와 관련된 각종 지침과 계획, 무엇보다도 대학입시라는 평가 블랙홀 때문에 결과중심평가의 테두리를 벗어나기가 쉽지 않습니다. 특히 중·고등학교는 시험성적과 등급이라는 최종 결과를 위한 교육에서 벗어나기가 힘든 것이 현실이지요. 그래서 대학 입시의 변화 없이는 학교 현장의 결과중심평가를 바꿀 수 없다고도 하는 것입니다. 이렇듯 새로운 일체화로 전환에서 마지막 퍼즐인 평가 요소의 변화는 교사들의 계속적인 노력이 있었음에도 현실적 벽에 가로막혀 지지부진한 상태였습니다.

과정중심평가의 등장

그런데 2015 교육과정 발표 이후 등장한 용어가 하나 있는데, 곧 교육 현장의 거대한 태풍이 되었습니다.

Ⅰ. 교육과정 구성의 방향

  2. 교육과정 구성의 중점

    라. 학습의 과정을 중시하는 평가를 강화하여 학생이 자신의 학습을 성찰하도록 하고, 평가 결과를 활용하여 교수·학습의 질을 개선한다.

어쩌면 아무도 몰랐을 것입니다. 2015 교육과정에 있는 이 단 두 줄로 이후 학교 현장에 엄청난 일들이 일어난다는 사실을 말이죠.

"과정중심평가"

2015 교육과정 문서에는 없는 '과정중심평가'라는 용어가 새롭게 등장하며 개념을 정확하게 제시해 주지도 않은 채 과정중심평가를 강조하면서 학교 현장은 대혼란의 시간을 보내고 있습니다. 게다가 연수를 고작 몇 시간만 받은 후 무작정 과정중심평가를 실시하라고 하면서 학교마다 제각각 과정중심평가를 운영하는 실정이지요.

데자뷰? 수행평가

혹시 평가와 관련해서 이와 똑같은 일이 과거에도 있었다는 사실을 알고 있나요? 1999년부터 전격 시행했지만 아직도 갈팡질팡 헤매고 있는 수행평가이지요.

갑작스러운 **수행평가**의 도입은 여러 가지 혼란을 초래했다. 첫 번째는 **수행평가**를 운영해야 할 교사가 수행평가를 제대로 인식하지 못했다는 것이다. 두 번째는 준비 없이 시행되어 현장에서는 참고해야 할 일반화된 자료가 부족했다. (중략) 이런 이유로 **현장의 수행평가**는 도입 취지와 맞지 않게 운영 주체(지역, 학교, 교사)에 따라 다양한 형태로 진행되었다.

– 강대일 · 정창규, 『과정중심평가란 무엇인가』, 에듀니티, 2018, 114쪽

수행평가를 과정중심평가로 바꾸어서 다시 읽어 봅시다. 20년이라는 간격에도 학교 현장에서 벌어지는 일은 똑같지 않나요? 우리나라에서 도입하는 거의 모든 교육정책이 그러하듯 수행평가와 과정중심평가를 도입하는 것에도 학교 현장의 상황은 거의 고려하지 않고 정책 시행을 너무나 급하게 밀어붙였다는 문제점이 있습니다. 갑작스럽게 도입하면서 학교와 교사가 차근차근 내실 있게 준비하는 것이 불가능했으며, 외부에서 반강제적으로 실행하라고 했기에 교사들은 거부감만 갖게 되었습니다. 결국 수행평가는 제자리를 찾지 못하고 지금도 무늬만 수행평가인 채로 남아 있습니다.

줄탁동시

그럼 과연 과정중심평가는 수행평가의 길을 그대로 따라갈까요? 과정중심평가 정책을 추진하는 데 많은 문제점이 있기는 하지만 수행평가와는 다른 길을 가지 않을까 싶습니다. 수행평가는 철저히 현장 교사는 배제한 채 외국 사례를 그대로 가져오는 정책이었기에 교사들의 동의를 자발적으로 받기가 어려웠습니다.

하지만 과정중심평가로 내딛는 발걸음은 2015 교육과정을 도입하기 전부터 이미 교사들이 자발적으로 노력하여 조금씩 실천하고 있었지요. 다만 교사 내부 힘보다 현실의 벽이 너무 강하여 결과중심평가라는 전반적인 흐름은 바꿀 수 없었을 뿐입니다. 그런데 이럴 때 교육부가 여러 가지 문제점이 있기는 했지만, '과정중심평가' 정책으로 결과중심평가의 흐름을 바꿀 수 있도록 외부에서 힘을 보태 준 것입니다.

줄탁동시(啐啄同時)라는 말이 있습니다. 병아리가 알 밖으로 나오려고 부리로 껍데기 안쪽을 쪼는 것을 '줄'이라고 하며, 어미 닭이 밖에서 알을 쪼아 새끼가 알을 깨는 행위를 도와주는 것을 '탁'이라고 하지요. 이처럼 껍질을 깨려면 안팎에서 적당한 힘으로 서로 동시에 쪼아야 합니다.

결과중심평가에서 과정중심평가로 변화하는 과정도 마찬가지입니다. 교사가 그동안 축적한 평가 변화를 위한 내부 노력은 '줄'이 되고, 대입의 변화, 평가 지침의 변화, 과정중심평가 정책 등 외부 지원은 '탁'이 되어 서로 동시에 결과중심평가라는 공고한 벽을 무너뜨려야 합니다. 결과중심평가에서 과정중심평가로 전환. 줄과 탁이 동시에 힘을 합친다면 이제는 할 수 있지 않을까요?

07
과정중심평가는 현재 진행형, 결국 수업이 중심이다

과정중심평가는 학문적으로 정립한 개념이 아니라 지금까지 해 오던 결과중심평가의 문제점을 극복하려는 방안으로 만든 용어입니다. 교육부와 한국교육과정평가원은 과정중심평가 개념을 다음과 같이 정리합니다.

교육과정 **성취기준**(①)에 기반한 평가 계획에 따라 **교수 · 학습 과정**(②)에서 학생의 **변화와 성장**(③)에 대한 자료를 **다각적으로 수집**(④)하여 적절한 **피드백**(⑤)을 제공하는 평가

첫째, 과정중심평가는 성취기준에 기반합니다. 과거에는 단원 목표 또는 차시 목표에 도달했는지를 확인하는 평가였다면, 이제는 학생의 성취기준 도달도를 확인하려고 평가를 실시합니다. 수업을 계획하는 단위가 성취기준이니 평가도 당연히 성취기준에 기반하는 것이지요.

둘째, 과정중심평가는 교수·학습 과정, 즉 수업 중에 실시합니다. 과거에는 주로 총괄평가를 실시하여 수업과는 별개로 평가를 했었지만, 이제는 수업 안에서 수업 활동의 하나로 평가를 하지요. 그래서 '수업 = 평가'라고도 하는 것입니다.

셋째, 과정중심평가는 학생의 변화와 성장을 위한 평가입니다. 지금까지 평가가 학습 결과에 대한 평가(assessment of learning)로 선별이 목적이었다면, 이제는 학습을 위한 평가(assessment for learning)로 학생의 성장과 발달을 지향합니다.

넷째, 과정중심평가는 다양한 평가 방법을 활용합니다. 지금까지 평가가 지필평가로 학생의 지식적인 측면만 확인했다면, 이제는 다양한 형태와 방법을 평가하여 지식뿐만 아니라 기능·태도 등 학생의 여러 측면에서 자료를 수집합니다. 또 학습 내용 및 활동을 가장 적합하게 평가할 수 있도록 다양한 평가 방법을 활용해야 하지요.

다섯째, 과정중심평가는 피드백을 강조합니다. 이전 평가도 피드백은 있었지만 수업 중에 바로 하지 않았고, 주로 총괄평가 이후의 점수, 석차, 등급을 이용했지요. 하지만 이제는 수업 중 성취기준과 현재 도달 수준의 차이를 확인하고, 성취기준에 도달할 수 있도록 맞춤형 피드백을 즉시 제공해야 합니다.

교과서 – 교사중심수업 그리고 과정중심평가

그렇다면 교사는 왜 이런 과정중심평가를 너무 힘든 평가라고 생각할까요? 너무 갑작스럽게 추진했다는 그 이유 때문일까요? 더 중요한 이유는 바로 아직 많은 교사가 교과서를 중심으로 '교사중심수업'을 하고 있기 때문입니다.

교사는 학생, 학교, 교사 자신 등 여러 상황을 고려하여 교과서 진도나가기식 교사중심수업에서 교육과정 재구성을 이용한 학생중심수업까지 수업 스펙트럼 중 적절한 수업을 선택하면서 자신의 수업을 만들어 갑니다. 그런데 아직 학교 현실은 많은 수업을 교육과정 재구성을 이용하여 학생중심수업으로 진행할 만큼 수업에 집중할 수 있는 여건을 갖추지 못했습니다. 수업보다는 업무가 우선인 학교에서 프로젝트 수업 하나를 기획하고 실천한다는 것은 교사의 무모함과 교육적 용기가 없다면 불가능에 가깝습니다.

그렇기에 아직은 교과서를 활용하여 진행하는 수업 비율이 상당히 높은 편입니다. 즉, 전체적으로 보면 교육과정 재구성 – 학생중심수업의 비율보다 교과서 – 교사중심수업의 비율이 훨씬 높지요. 과정중심평가를 정책적으로 추진하는 지금의 상황을 간단하게 정리하면, '교과서 – 교사중심수업 – 과정중심평가'의 모습이 됩니다. 교과서 – 교사중심수업이라는 과거의 패러다임 요소와 과정중심평가라는 새로운 패러다임 요소가 서로 강제적으로 붙어 있어야 하니 그 가운데에 낀 교사만 죽어나는 것이지요.

이것을 해결하는 방법이 두 가지 있습니다. 첫 번째는 현재 대부분의 학교 현장에서 사용하는 방법으로, 교과서 – 교사중심수업은 그대로 하면서 과정중심평가를 하는 양 보이게 하는 것이지요. 지금은 과정중심평가 광풍의 시대이니 우선은 맞추어 주는 것입니다. 이렇게 과정중심평가를 하는 것처럼 보이려면 체크리스트, 피드백 메모, 단원평가지, 학습장, 과정중심평가를 위한 책자 등 많은 증빙 자료가 필요합니다. 교사가 과정중심평가를 힘들어 하는 이유가 바로 여기에 있습니다. 지금과 같은 상황이 계속된다면 과정중심평가는 수행평가의 길을 그대로 걸을지도 모르겠습니다.

두 번째는 평가보다는 교육과정과 수업의 변화를 먼저 시작하는 방법입니다. 교과서 – 교사중심수업을 교육과정 재구성 – 학생중심수업으로 우선적으로 바꿉니다. 교육과정 재구성과 학생중심수업이 학교 현장에 제대로 뿌리내릴 수 있도록 하면 자연스럽게 마지막 퍼즐인 과정중심평가는 따라온다는 것입니다. 그렇기에 지금은 '어떻게 내실 있는 학생중심수업을 기획하고 실천할 수 있을까?'에 힘을 모아야 합니다. 필자는 이 두 번째 방법이 앞으로 학교 현장에 과정중심평가가 제대로 정착할 수 있는 최선이라고 생각합니다.

그런데 과정중심평가의 광풍이 교육 현장을 한차례 휩쓸고 지나가면서 교육과정 – 수업 – 평가 일체화에서 평가 요소를 가장 중요하게 여기는 분위기가 팽배해졌습니다. 즉, 과정중심평가를 하기 위해 학생중심수업을 해야 하고, 과정중심평가를 하기 위해 교육과정을 재구성해야 한다는 것이지요.

과정중심평가를 하기 위해서 교육과정을 재구성할 필요가 있다. (중략) 셋째, 평가의 결과뿐만 아니라 결과가 나오는 과정을 중시하는 평가가 이루어지기 위해서는 과정을 평가하는데 유리한 프로젝트식 수업이 필요하며, 이를 위한 주제 중심 교육과정 재구성이 필요하다.

— 유영식, 『과정중심평가』, 즐거운학교, 2017, 69쪽

심지어 과정중심평가를 교육 혁명가로 임명해서 미래 교육을 완성해야 한다고도 합니다. 물론 지금은 과정중심평가의 시대이니 과정중심평가를 크게 부각시켜 많은 교사가 이에 동의하고 실천까지 할 수 있다면 좋겠지요. 하지만 평가를 위해 수업을 바꾸고, 평가를 위해 교육과정을 재구성하겠다는 생각은 결국 본말이 전도된 것입니다. 어떤 일을 처리하는 과정이 순리에 맞지 않으면 그 일을 하는 사람들은 힘이 듭니다. 과정중심평가를 도입하는 과정이 그런 것 같습니다. 필자라면 이렇게 바꾸어서 말하겠습니다.

교육과정을 재구성하여 학생중심수업을 하면 과정중심평가를 쉽게 할 수 있다. (중략) 셋째, 주제 중심 교육과정 재구성을 하여 프로젝트식 수업을 하면 평가의 결과뿐만 아니라 결과가 나오는 과정을 중시하는 과정중심평가도 쉽게 할 수 있을 것이다.

교사는 먼저 학생들이 즐겁게 수업할 수 있도록 학생중심수업으로 수업의 초점을 옮겼고, 좀 더 재미있고 의미 있는 수업을 기획하려고 교

육과정 재구성을 시도했습니다. 그리고 교육과정 재구성 – 학생중심수업의 흐름에 맞게 과정중심평가를 위한 노력도 했습니다. 그럼에도 학교 현장의 현실적인 여건 때문에 진체적으로 교육과정 재구성 – 학생중심수업의 비율이 낮았습니다. 하지만 앞으로 수업에 좀 더 집중할 수 있는 여건이 마련된다면 충분히 교육과정 재구성 – 학생중심수업의 비율은 높아질 것이고, 이어서 과정중심평가를 실천함으로써 새로운 교육과정 – 수업 – 평가 일체화 전환도 내실 있게 진행할 수 있을 것입니다.

이처럼 교육과정 재구성 – 학생중심수업 – 과정중심평가의 새로운 일체화 패러다임으로 전환은 4차 산업혁명 시대라는 시대 변화와 2015 교육과정 개정이라는 외부 요인으로 최근에서야 수동적으로 시작한 것이 아닙니다. 아주 오래전부터 능동적으로 학생들과 재미있고 의미 있는 수업을 하려고 노력한 교사의 교육과정과 수업 전문성 축적이라는 내부 요인에서 비롯된 것이지요. 또 평가 중심이 아니라 수업 중심이 되어 수업에서 교육과정으로, 그리고 수업에서 평가의 방향으로 이어지면서 새로운 일체화로 전환할 수 있게 된 것입니다.

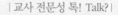

과정중심평가가 '만병통치약'이라고?

첫째, 과정중심평가로의 전환은 학교에서의 배움을 학생들의 삶과 연결시킬 수 있게 한다. (중략) 둘째, 과정중심평가로 기초학습 부진 학생, 학업을 중도에 포기하는 학생들을 예방할 수 있다. (중략) 셋째, 과정중심평가는 학생들의 진로지도에 있어서도 효과를 발휘할 수 있다. (중략) 넷째, 과정중심평가는 학생들의 인성발달에도 효과적이다. (중략) 다섯째 과정중심평가는 학부모의 사교육 의존도를 낮출 수 있다. (중략) 이렇듯 과정중심평가는 학교교육의 다양한 문제를 해결하여 공교육의 새로운 전환점을 제시할 수 있다.

– 유영식, 『과정중심평가』, 즐거운학교, 2017, 16~18쪽

삶과 앎의 연결, 기초 부진 예방, 진로지도, 인성 교육, 사교육 문제 해결 등 이 정도면 과정중심평가를 우리나라 교육이 지닌 거의 모든 문제를 해결할 수 있는 '만병통치약'으로 불러도 손색이 없을 것 같습니다.

이런 과정중심평가로 많은 교육 문제를 해결할 수 있다는 생각에는 우리나라의 특수한 교육적 현실이 반영되어 있습니다. 바로 '대학입시'입니다. 지금까지 교사들이 한 다양한 교육적 시도는 물론, 교육부의 여러 교육정책은 대학입시라는 블랙홀 앞에서는 번번히 실패할 수밖에 없었습니다. 그래서 대학입시를 전면적으로 바꾸지 않고서는 학교 현장에서 시도되는 교육과정과 수업 변화 또한 결국은 실패할 수밖에 없다고 말합니다. 이렇듯 평가제도의 힘이 얼마나 무서운지 잘 알고 있습니다.

우리 사회가 대학입시를 전면적으로 변화시킬 만큼 사회적 합의를 이루는 데 아직은 많은 시간이 필요해 보입니다. 하지만 학교에서 하는 평가만이라도 변화시킬 수 있다면 평가제도의 그 무서운 힘으로 학교 교육의 많은 문제점을 해결할 수 있다고 봅니다. 즉, 평가를 중심에 두고 과정중심평가로 변화시켜 여러 교육적인 문제를 해결하는 것입니다.

하지만 그것이 과정중심평가만으로 얻을 수 있는 효과인지는 따져 보아야 합니다. 교과서－교사중심수업－과정중심평가일 때는 교육적 효과를 얻을 수 없지만, 교육과정 재구성－학생중심수업 변화에 어울리는 과정중심평가를 할 때 비로소 교육적 효과를 얻을 수 있습니다. 따라서 대부분의 교육적 효과는 교육과정 재구성－학생중심수업－과정중심평가라는 새로운 일체화로 얻는 것이지 과정중심평가만으로는 이

룰 수 있는 성과가 아닙니다. 즉, 과정중심평가가 아니라 교육과정 재구성 – 학생중심수업 – 과정중심평가의 새로운 일체화 패러다임이야말로 학교 교육에 만병통치약은 아닐지라도 작은 희망은 될 수 있을 것입니다.

과정중심평가 vs 결과중심평가?

〈4차 교육과정: 1981년 고시〉
* 학생의 학습을 촉진할 수 있도록 **적절한 시기**에 학습 정도를 확인하고, 그 **결과에 따라 적절한 지도**가 이루어지도록 한다.

〈5차 교육과정: 1987년 고시〉
* 평가는 모든 학생들이 교육 목표를 성공적으로 달성하기 위한 **교육의 과정**으로 실시한다.

〈6차 교육과정: 1992년 고시〉
* 학교는 교과와 특별 활동의 학년별 성취 수준을 설정하고, **다양한 평가 도구와 방법**으로 성취도를 평가하여, 학생의 **목표 도달도를 확인**하고 수업의 질 개선을 위한 자료로 활용한다.
* 교과의 평가는 선다형 일변도의 지필 검사를 지양하고, **서술형 주관식 평가**와 표현 및 태도의 **관찰 평가**가 조화롭게 이루어지도록 한다.

〈7차 교육과정: 1997년 고시〉

∗ 평가는 모든 학생들이 교육 목표를 성공적으로 달성하기 위한 **교육의 과정**으로 실시한다.

∗ 교과의 평가는 선다형 일변도의 지필 검사를 지양하고, **서술형 주관식 평가**와 표현 및 태도의 **관찰 평가**가 조화롭게 이루어지도록 한다.

〈2009 교육과정: 2009년 고시〉

∗ 평가는 모든 학생들이 교육 목표를 성공적으로 달성하기 위한 **교육의 과정**으로 실시한다.

∗ 학교는 **다양한 평가 도구와 방법**으로 성취도를 평가하여 학생의 **목표 도달도를 확인**하고, 수업의 질 개선을 위한 자료로 활용한다.

적절한 시기의 평가와 결과에 따른 적절한 지도, 교육의 과정으로 실시, 다양한 평가 도구와 방법의 활용, 목표 도달도의 확인, 지필 검사의 지양, 서술형 주관식 평가와 관찰평가 실시 등 놀랍지 않나요? 우리가 흔히 언급하는 과정중심평가의 특징들이 다 나오네요.

분명 과정중심평가는 2015 교육과정에서 처음 도입했는데, 1981년에 고시된 4차 교육과정부터 "적절한 시기에 평가하여 적절한 피드백을 주라."며 과정중심평가의 대표적인 특징을 제시합니다. 특히 1987년에 고시된 5차 교육과정부터는 평가는 '교육의 과정'으로 실시한다는 문구가 계속해서 들어 있습니다. 우리가 흔히 결과중심평가만 했을 것이라고 생각한 시기의 교육과정에 어떻게 이런 문구가 들어 있을까요? 그 답은 과정중심평가와 결과중심평가라는 말의 의미를 바르게 이해한다면 바로 알 수 있습니다.

대개 과정중심평가는 과정만 평가하고 결과중심평가는 결과만 평가한다고 이분법적으로 생각하는 경향이 있습니다. 즉, '과정중심평가 = 과정평가, 결과중심평가 = 결과평가'로 받아들이지요. 이에 따르면 결과중심평가를 할 때는 무조건 중간고사와 기말고사 같은 결과평가만 실시하고, 수업 중에 교사의 관찰, 평가, 피드백 등 과정평가는 전혀 하지 않는다고 생각합니다.

하지만 결과중심평가는 결과평가의 비중이 과정평가보다 높은 것으로, 평가 중심이 결과에 있습니다. 과정중심평가는 반대로 과정평가 〉 결과평가의 모습이 되는 것이지요. 결국 평가 중심을 어디에 두느냐의 문제이지 어느 한쪽만 평가하자는 말이 아닙니다.

과정중심평가 = **과정평가** + 결과평가

결과중심평가 = 과정평가 + **결과평가**

2015 교육과정 이전에도 우리는 부족하지만 과정평가를 실시했었고, 앞서 살펴본 것처럼 교육과정에도 과정평가와 관련한 내용이 들어 있습니다. 다만 결과평가의 비중이 너무 높았고 그것만 중요하게 생각했던 것이지요. 그래서 이제는 과정평가의 비중을 높이고 제대로 된 과정평가를 실시해 보자는 것입니다. 이것은 평가 중심을 결과평가에

서 과정평가로 옮기자는 것이지 결과평가를 없애자는 것이 아닙니다. 2015 교육과정에도 분명히 학습 결과와 학습 과정 모두를 평가하라고 명시하고 있습니다.

Ⅲ. 학교 교육과정 편성·운영

   3. 평가

      나-2) **학습의 결과뿐만 아니라 학습의 과정을 평가**하여 모든 학생이 교육 목표에 성공적으로 도달할 수 있도록 한다.

먼저 '과정중심평가 = 과정평가, 결과중심평가 = 결과평가'라는 인식에서 벗어나야 합니다. 그러면 자연스럽게 과정평가와 결과평가는 서로 극복해야 할 대상이 아니라 상호 보완적인 관계임을 알 수 있습니다. 결과평가를 없애고 과정평가만 하는 것이 아니라 평가 중심을 결과평가에서 과정평가로 옮기는 것이 바로 과정중심평가입니다.

과정중심평가는 교수학습 과정 중에 학생을 평가하여 보다 나은 배움이 일어나도록 돕고자 하는 관점이며, 결과중심평가는 학생이 교수학습이 종료된 후에 성취 목표의 도달 정도를 확인하고자 하는 관점이다. (중략) 학생평가는 학습 과정에서 과정평가를 통하여 보다 나은 배움이 일어나도록 확인하고 피드백하며, 결과평가를 통하여 배움의 정도를 확인하여 학생에게 피드백해 주어야 하는 것이다. 즉, '결과평가는 나쁜 평가, 과정평가는 좋은 평가'가 아니라 상호 보완적인 관계인 것이다. 마치 수행평가와 지필평가가 상호 보완적인 관계인 것과 같다고 이해하면 될 것이다.

— 강대일 · 정창규, 『과정중심평가란 무엇인가』, 에듀니티, 2018, 58~59쪽

3부

교육과정 문해력, 교사 전문성을 이야기하다

교사의 선택: 교과서 밖으로! 교육과정 속으로!

수업 시간에 학생들을 가르치려고 어떤 자료를 가장 많이 사용하나요? 교과서? 교사용 지도서? 인*스쿨? 아**크림? 티*파? 교육과정 문서?

아마도 많은 교사가 '교과서'라고 대답할 것입니다. 필자 역시도 교과서를 가장 가까이에 두고 수업 시간에 많이 활용합니다. 교과서 중심의 수업을 좀 더 편하게 하고자 아**크림이나 티*파 같은 온라인 학습 도구를 이용하기도 하고, 교과서 중심의 수업을 좀 더 재미있게 하고자 인*스쿨 같은 교육 웹 사이트에서 활동 자료를 찾아 교과서 재구성을 하기도 하지요. 이처럼 교과서는 교사에게는 수업을 위한 가장 기본적이고 중요한 자료입니다.

교과서는 수업 시간에만 사용하지 않습니다. 학기 말이나 학년 말에 총괄평가 문항을 만들 때도 교과서에 있는 지문과 자료를 활용해야 한다는 규정 아닌 규정이 있었지요. 교사에게 교과서는 가장 중요한 평가 문항의 출처이기도 했습니다. 이처럼 지난 수십 년 동안 교과서는 수업과 평가에서 가장 중요한 역할을 수행하며 학교 교육의 바이블로 불렸습니다.

그런데 최근 들어 "교과서를 버려라."라는 소리가 너무나 강하게 들립니다. 또 "교과서를 벗어나 교육과정을 재구성하라."라는 말도 계속해서 들려오고요. 국가에서는 교육과정이 바뀔 때마다 막대한 예산을 들여 교과서를 만들어 줍니다. 그러면서 한편으로는 교과서를 버리라고 하니 어느 장단에 춤을 추어야 할까요?

사실 "교과서를 버려라.", "교과서를 벗어나 교육과정을 재구성하라."라는 말이 갑자기 나오지는 않았습니다. 이미 오래전부터 교과서 한계를 지적하고 교육과정을 재구성하는 시도는 꾸준히 있어 왔으니까요. 특히 교육과정이 성취기준 중심으로 바뀐 2009 교육과정 시기에는 이런 노력들이 프로젝트 수업이나 주제중심통합 수업이라는 이름으로 학교 현장에 뿌리내리기 시작했습니다. 그리고 경기도와 전북에 있는 혁신학교에서 다양하게 실시한 교육과정 재구성 사례가 책으로 출판되면서 전국적으로 큰 호응도 얻었습니다.

또 2015 교육과정으로 과정중심평가를 도입하면서 교육과정 재구성이라는 담론이 교직 사회에 대대적으로 확산되었습니다. 과정중심평가를 하려면 먼저 교육과정 재구성 – 학생중심수업 – 과정중심평가 일체화를 말할 수밖에 없는데, 이런 일체화에서 과정중심평가를 위한 전제조건이 바로 교육과정 재구성이기 때문이지요.

이제 대부분의 교사는 교과서를 많은 수업 자료 중 하나라고 이야기합니다. 또 학생들을 성취기준에 도달시키고자 다양한 방법과 자료를 활용하는데, 교과서는 그중 하나일 뿐이라는 것도 압니다. 그렇게 이야기하고 알고는 있지만 참으로 교과서를 버리는 것은 쉽지가 않습니다.

"한 지붕 두 가족, 불편한 동거, 지금은 혼란 시대"

최무연 선생님은 『수업은 기획이다』에서 현재의 학교 상황을 이렇게 재미있게 표현했습니다. 교과서 중심 수업과 교육과정 재구성 수업이 혼재되어 있는 교실 모습을 나타낸 것이지요. 한쪽에서는 교과서를 버려라 하고 다른 한쪽에서는 잘 만든 교과서를 왜 버리느냐고 하는 교과서 논쟁에서 교과서를 버려라는 쪽이 명분은 얻고 있지만, 실제로 버리는 사람은 많지 않으니 실리는 얻지 못하는 형국이라고도 했습니다.

사실 아직 교사들은 교과서를 버리고 싶어도 버릴 준비가 되어 있지 않은 것이 현실입니다. 지금 당장 교육과정을 재구성하여 수업을 할 수 있는 능력이 부족한 것도 사실이지요. 또 교육과정을 재구성하여 수업을 하더라도 교과서 진도를 나가지 않으면 왠지 모를 찜찜함을 떨쳐 버리기가 쉽지 않습니다.

이처럼 교과서 밖으로 나와 교육과정 속으로 들어가는 일이 쉽지만은 않습니다. 하지만 교사라면 꼭 집고 생각해 보아야 할 것이 있습니다. 바로 교과서만으로 하는 수업을 아이들은 재미있어 하지 않을 뿐 아니라 의미 있어 하지도 않는다는 것이지요. 즉, 교과서로 하는 교사중심 수업으로는 더 이상 아이들의 흥미를 끌 수 없으며, 진정한 학습이 일어나는 의미 있는 수업을 하기도 어렵습니다.

이처럼 '교과서 밖으로, 교육과정 속으로'라는 말속에는 교사 중심의 강의 전달식 수업보다는 성취기준을 중심으로 학생들이 재미있게 참여할 수 있는 다양한 활동 중심의 의미 있는 수업을 하라는 메시지가 담겨 있습니다. 교과서 내용을 잘 전달하는 것이 교사 전문성이던 시대에서 이제는 성취기준을 중심으로 교육과정을 재구성하여 학생 중심의 수업을 기획하는 것이 교사 전문성인 시대로 변해 가고 있습니다. 이것은 거스를 수 없는 교육적 흐름이기도 합니다.

아마 앞으로는 교과서 밖으로 나와 교육과정 속으로 들어가는 교사가 점점 더 늘어날 것입니다. 하지만 무턱 대고 교육과정 속으로 들어갈 수는 없는 노릇입니다. 교사가 교육과정 속으로 들어가려면 '교육과정 문해력'을 꼭 갖추어야 합니다. 교육과정을 자유자재로 사용할 수 있는 능력으로, 새로운 교육과정 – 수업 – 평가 일체화 패러다임에서 필요한 교사 전문성이기도 하지요.

자, 이제 교과서 밖으로 나와 교육과정 속으로 들어가는 핵심 능력인 '교육과정 문해력'을 자세히 알아볼까요?

교육과정 문해력을 이야기하다

　　교육과정 재구성 – 학생중심수업 – 과정중심평가의 새로운 일체화에서 교사 전문성이자 교육과정을 자유자재로 사용할 수 있는 능력인 교육과정 문해력을 한번쯤은 들어 보았지요? 요즘은 교육과정 관련 공문이나 연수에서도 흔히 사용하는 용어이기에 많이들 들어 보았을 것입니다. 이렇듯 중요한 교육과정 문해력이란 무엇일까요? 그리고 교육과정을 자유자재로 사용할 수 있다는 것은 어떤 의미일까요? 먼저 교육과정 문해력과 관련한 여러 정의를 살펴보겠습니다.

정광순(2012)	교사가 국가 수준 교육과정에 대한 자율권을 행사하려면 갖추어야 할 능력
김세영(2014)	주어진 교육과정을 해석하여 기준에 부합하는 수업을 설계하고 실행하고 평가하는 교육과정 상용 능력

경기도 교육청(2017)	성취기준을 중심으로 교육과정 문서를 읽고 해석하여, 교육과정 재구성과 배움중심수업, 성장(과정)중심평가를 실행하는 교육과정 상용 능력
최무연(2018)	교육과정을 재구성하려고 성취기준을 읽고 해석하는 것
유영식(2018)	교육과정 문서를 읽고 해석하여, 학생 중심의 교육과정 설계, 수업 디자인, 과정중심평가를 실천할 수 있는 능력

　　교육과정 문해력은 새로운 교육과정 – 수업 – 평가 일체화 패러다임을 위한 핵심적인 능력입니다. 그래서인지 대부분의 정의에서는 교육과정 문해력을 교육과정을 읽고 해석하는 것뿐만 아니라 교육과정, 수업, 평가를 실행하는 능력까지 포함합니다. 여기에서 교육과정, 수업, 평가를 실행하는 능력은 당연히 교육과정, 수업, 평가를 계획하는 능력을 전제로 한다고 보아야겠지요.

　　최무연 선생님만 교육과정 문해력을 '교육과정을 재구성하려고 성취기준을 읽고 해석하는 것'이라고 했으며, 읽고 해석한 것을 수업으로 만드는 일은 교육과정 재구성이라고 했습니다.

> 교육과정 문해력 = 교육과정 읽고 해석하기(최무연)
>
> 　　　　　　　　 + 교육과정, 수업, 평가 계획 및 실행하기(김세영, 경기도 교육청, 유영식)

　　필자는 교육과정 문해력을 보다 단순하게 정의하여 그것을 다른 정의와 비교해 보고자 합니다. 우리가 보통 '문해력'이라고 하는 단어는 영어의 'literacy'를 번역한 것입니다. literacy는 흔히 '읽고 쓸 수 있는 능력'을 말하지요. 물론 단순히 글자만 읽고 쓰는 것이 아니라 뜻을 바르게 이해하면서 사용하는 것입니다.

그렇다면 교육과정 문해력은 curriculum literacy로 '교육과정을 읽고 쓸 수 있는 능력'이라고 할 수 있습니다. 그렇기에 '교육과정 문해력'은 교육과정을 읽는다는 의미와 교육과정을 쓴다는 의미를 명확히 한다면 바르게 설명할 수 있습니다.

교육과정 문해력(curriculum literacy) = 교육과정 읽기 + 교육과정 쓰기

그럼 이제 교육과정 읽기와 교육과정 쓰기가 어떤 의미인지 좀 더 자세히 살펴볼까요?

03

교육과정 문해력 사용 설명서
: 교육과정을 읽고, 수업을 만든다

교육과정 문해력은 교육과정을 읽고 쓰는 능력으로, 교육과정 읽기와 교육과정 쓰기로 구성됩니다. 그런데 앞서 살펴본 대부분의 정의를 보면, 교육과정 문해력은 교육과정을 읽고 해석하여 교육과정, 수업, 평가를 계획하는 것뿐만 아니라 실행하는 능력까지 포함하고 있습니다. 이것을 우선은 간단하게 생각해 보죠. '교육과정 읽고 해석하기'는 교육과정 읽기로, '교육과정, 수업, 평가 계획 및 실행하기'는 교육과정 쓰기로 보겠습니다.

교육과정 문해력 = 교육과정 읽고 해석하기 + 교육과정, 수업, 평가 계획 및 실행하기
(교육과정 읽기)   (교육과정 쓰기)

교육과정 읽기

교육과정은 먼저 읽을 교육과정이 있어야 읽을 수 있습니다. 교과서나 교육과정 해설서는 교육과정이 아닙니다. 그래서 먼저 교육과정을 제대로 찾아야 합니다. 학교에 있는 교육과정 책자, 인터넷 웹 사이트의 교육과정 파일, 교과별 교사용 지도서, 교육청이나 학교에서 만든 성취기준 맵핑 자료 등에서 교육과정을 찾으면 됩니다.

우리가 여기에서 이야기하는 교육과정은 각 교과의 '성취기준'이라고 보면 됩니다. 물론 교육과정의 다른 부분도 중요하지만 수업하는 교사에게는 수업 내용에 해당하는 성취기준이 가장 중요합니다. 그래서 교육과정을 읽는다는 것은 성취기준을 읽는다는 것과 같습니다.

자, 그럼 이제 교육과정을 읽어 볼까요?

교육과정을 읽는다는 것은 성취기준을 문자로만 읽는다는 것이 아닙니다. 당연히 성취기준에 담긴 의미를 해석할 수 있어야 하지요. 글자를 단순히 읽는 것뿐만 아니라 그 의미를 바르게 이해해야 문해력이 있다고 하는 것과 맥락이 같습니다.

성취기준을 읽고 의미를 해석하려면, 먼저 성취기준 그 자체 의미를 바르게 파악해야 합니다. 이것은 해당 성취기준으로 학생들이 배워야 할 내용과 할 수 있어야 하는 기능 및 가져야 할 태도가 무엇인지를 아는 것이지요. 즉, 학습을 함으로써 학생들이 어디쯤에 도착해야 하는지를 정확하게 파악하는 것입니다.

하지만 성취기준을 그 자체로 파악하는 데만 그친다면 성취기준을 바르게 읽은 것이 아닙니다. 하나의 성취기준은 다른 성취기준과 종적·횡적인 관계를 맺고 있습니다. 이런 관계를 통해 성취기준의 수준과 범위는 심화·확장되어 가지요. 그렇기 때문에 성취기준을 바르게 해석하려면 하나의 성취기준 수준과 범위를 다른 성취기준과 관계 속에서 판단할 수 있어야 합니다. 즉, 교육과정을 읽는다는 것은 '성취기준 그 자체 의미를 파악하고 수준과 범위를 판단하여 성취기준에 담긴 의미를 해석하는 것'이라고 할 수 있습니다.

교육과정 읽기의 과정

교육과정 쓰기

교육과정을 쓴다는 것은 읽은 성취기준으로 수업을 만드는 것입니다. 먼저 교육과정 읽기를 이용하여 해석한 성취기준을 바탕으로 그 성취기준으로 할 수 있는 여러 가지 수업 가능성을 상상해 봅니다. 상상력이 풍부하다면 교사는 수업을 다양하게 시도해 볼 수 있을 것입니다. 이것이 교사에게 상상력이 필요한 이유이지요.

다양한 수업을 상상했다면 이제는 그 수업 중 최적의 가능성을 판단해야 합니다. 교사의 철학, 학생의 특성, 학교의 상황 등을 고려하여 자신이 상상한 여러 수업 중에서 최적의 수업 가능성을 선택하는 것이지요.

마지막은 선택한 최적의 수업 가능성을 실제로 할 수 있는 수업으로 만드는 것입니다. 전체적인 수업 흐름을 잡고 이에 맞는 활동 주제를 정하고 수업 내용을 구체화하여 학생중심수업을 기획합니다. 또 수업 과정에서 학생들의 성취기준 도달 정도를 확인할 수 있는 적절한 평가도 계획해야 하지요.

이렇듯 교육과정을 쓴다는 것은 '읽고 해석한 성취기준으로 할 수 있는 다양한 수업 가능성을 상상하고 최적의 수업 가능성을 선택하여 수업을 만드는 것'이라고 할 수 있습니다. 즉, 흔히 이야기하는 '교육과정 재구성'이지요. 여기에서 교육과정 재구성은 교육과정, 수업, 평가 계획을 통칭하는 말이라고 할 수 있습니다.

교육과정 쓰기의 과정

교육과정 문해력

교육과정 문해력은 교육과정을 읽고 쓸 수 있는 능력입니다. 교육과정 읽기는 성취기준에 담긴 의미를 해석하는 것이고, 교육과정 쓰기는 읽고 해석한 성취기준으로 수업을 만드는 것이지요. 즉, 교육과정 문해력이란 '성취기준을 해석하여 교육과정을 재구성할 수 있는 능력'이라고 할 수 있습니다.

교육과정 문해력 = <u>성취기준 해석하기</u> + <u>교육과정 재구성(교육과정, 수업, 평가 계획)</u>
　　　　　　　　(교육과정 읽기)　　　　　　　　　(교육과정 쓰기)

　필자가 생각하는 교육과정 문해력은 대부분의 정의와는 다르게 교육과정, 수업, 평가의 계획인 교육과정 재구성까지만 포함하고 '실행 부분'은 포함하지 않습니다. 수업과 평가의 실행에 교육과정 문해력이 많은 영향을 미치기는 하겠지만, 실행 부분은 계획 부분인 교육과정 문해력의 영역은 아니라고 보기 때문입니다.

　교사에게 교육과정 문해력은 저절로 주어지지 않습니다. 다양한 시도와 경험을 겪으면서 습득할 수 있는 것이지요. 아이들이 독서를 많이 하면 문해력 수준을 높일 수 있듯이 교사도 다양한 교육과정 읽기와 교육과정 쓰기를 함으로써 교육과정 문해력을 성장시킬 수 있을 것입니다.

[교육과정 문해력 1단계]
성취기준을 만나다

교육과정을 읽으려면 먼저 교육과정이 우리 손에 있어야 합니다. 과거에는 교육과정뿐만 아니라 교육과정 해설서까지 책자로 판매했지요. 하지만 지금은 학교에 한 세트의 교육과정 책자만 보내 줄 뿐 따로 판매하지는 않습니다. 그래서 우리는 교육과정을 파일로 다운로드해서 사용해야 합니다.

그럼 교육과정은 어디에서 찾을 수 있을까요? 그리고 각 교과별 교육과정은 어디에 있을까요? 2015 교육과정 중에서 초등 사회과 교육과정을 예시로 찾아보겠습니다.

교육과정 읽기의 과정

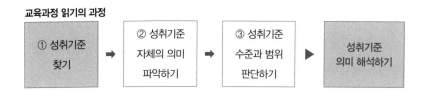

교육과정 다운로드하기

우리나라의 모든 교육과정 문서는 국가교육과정정보센터(NCIC)에서 찾을 수 있습니다. 우선 NCIC(http://ncic.re.kr)에 접속해서 2015 교육과정을 찾아야 합니다. 다음 순서로 진행합니다.

1. 국가교육과정정보센터(http://ncic.re.kr) 접속
2. 화면 오른쪽 위에서 '교육과정 자료실'을 클릭하여 '교육과정 원문 및 해설서' 화면으로 이동
3. '2015 개정시기' 클릭

그런데 '2015 개정시기'를 클릭하면 아래 왼쪽 그림과 같이 초등학교부터 특수교육까지 아주 많은 목록이 나타납니다. 큰 마음먹고 교육과정을 찾으러 들어왔다가 이 목록을 보면 바로 웹 사이트를 닫고 싶어집니다. 도대체 우리가 찾고 싶은 자료(초등 사회과 교육과정)는 어디에 있을까요?

실제로는 그리 어렵지 않습니다. 먼저 맨 위에 있는 '초등학교(2015.09)'를 클릭하면 아래 오른쪽 그림과 같이 총론부터 한국어 교육과정까지 교과 교육과정 목록이 쭉 나타납니다. 그중 '사회과'를 클릭하면 사회과 교육과정을 한글 파일과 PDF 파일로 다운로드할 수 있습니다.

그러면 초등학교(2015.09) 아래쪽에 있는 목록들은 무엇일까요? 아래 목록은 2015 교육과정에서 부분적으로 개정된 교육과정 목록들입니다. '초등학교(2015.12)'는 2015년 12월에 부분 개정된 것으로, 클릭하면 목록에 총론만 있습니다. 이것은 총론에서만 개정이 있었다는 것이지요. 2017년 1월과 2018년 4월에도 총론에서만 개정이 있었습니다.

초등학교에서 마지막으로 개정된 2018년 7월을 살펴보니 총론과 사회과에서 개정이 있었습니다. 그렇다면 우리가 찾아야 할 2015 교육과정의 초등학교 사회과 교육과정은 2015년 9월이 아닌 2018년 7월에 새롭게 개정된 최신 사회과 교육과정이어야 하겠지요. '초등학교(2018.07) → 사회과 → 사회과 교육과정' 순서대로 파일을 다운로드합니다.

성취기준 찾기

사회과 교육과정을 다운로드했으니 이제 성취기준을 찾아볼까요?

1. 성격
2. 목표
3. 내용 체계 및 성취기준
   가. 내용 체계
   나. 성취기준
      (1) 영역명
         (개) 학습 요소
         (내) 성취기준 해설
         (대) 교수 · 학습 방법 및 유의 사항
         (래) 평가 방법 및 유의 사항
4. 교수 · 학습 및 평가의 방향
   가. 교수 · 학습 방향
   나. 평가 방향

나. 성취기준

[초등학교 3~4학년] **학년군**

(1) 우리가 살아가는 곳 **영역명 (단원명)과 관련**

이 단원은 삶이 이루어지는 기본적인 토대인 우리 고장의 옛날과 오늘날의 모습을 살펴보고, 교통과 통신의 발달에 따른 생활 모습의 변화를 파악하는 과정에서 우리 고장에 대해 이해하고 자긍심을 기르기 위해 설정되었다. 이를 위해 우리 고장에 대한 심상 지도를 통해 서로의 장소감을 공유하고, 여러 지형지물의 위치를 중심으로 고장의 실제 모습을 파악한다. 또한 우리 고장과 관련된 옛이야기나 문화유산을 통해 고장의 역사적인 유래와 특징을 파악한다. 아울러 일상생활에서 이용하는 교통 및 통신수단의 발달 과정과 이에 따른 생활 모습의 변화를 살펴본다.

<우리 고장의 모습> **소제목과 성취기준**

[4사01-01] 우리 마을 또는 고장의 모습을 자유롭게 그려 보고, 서로 비교하여 공통점과 차이점을 찾아 고장에 대한 서로 다른 장소감을 탐색한다.
[4사01-02] 디지털 영상 지도 등을 활용하여 주요 지형지물들의 위치를 파악하고, 백지도에 다시 배치하는 활동을 통하여 마을 또는 고장의 실제 모습을 익힌다.

(가) 학습 요소

• 장소감의 표현과 공유, 고장 내 주요 지형지물의 위치와 분포 파악, 고장의 실제모습

(나) 성취기준 해설

• 이 단원은 고장에 대한 서로 다른 장소감을 표현하고, 이와 함께 디지털 영상 지도 등을 활용하여 고장의 실제 모습을 파악하는 데 주안점을 둔다.

교육과정 앞부분에 있는 '일러두기'에서는 교육과정 목차와 목차 의미를 설명하고 있습니다. 이 목차에서 우리가 찾는 성취기준은 바로 '3. 내용 체계 및 성취기준' 중에서 '나. 성취기준'이지요.

그럼 성취기준을 좀 더 자세히 살펴볼까요? 우선 학년군이 나오고 학년군에 따른 영역 이름(단원 이름)과 영역의 개관에 해당하는 내용이 있습니다. 이어 각 영역의 소주제 이름이 나오고 표시한 부분 안에 성취기준이 제시되어 있습니다. 이것이 바로 우리가 찾는 '성취기준'입니다. 이후 각 성취기준에 대한 학습 요소, 성취기준 해설, 교수·학습 방법 및 유의 사항, 평가 방법 및 유의 사항이 이어집니다. 각 교과마다 조금씩 구성 요소와 기술 방법에 차이가 있기는 하지만, 이 틀에서 크게 벗어나지 않습니다. 어떤가요? 각 교과의 성취기준을 이제는 제대로 찾을 수 있겠지요?

성취기준은 무엇일까?

그렇다면 우리가 이토록 찾던 성취기준은 과연 무엇일까요? 성취기준이 중요하다는 말은 많이 들었지만, 성취기준이 왜 중요한지 설명하기는 쉽지 않습니다. 교육과정 문서에서는 성취기준을 다음과 같이 정의합니다.

성취기준은 학생들이 교과를 통해 배워야 할 내용과 이를 통해 수업 후

할 수 있거나 할 수 있기를 기대하는 능력을 결합하여 나타낸 수업 활동의 기준이다.

첫째, 성취기준은 학생에게는 배워야 할 내용이고 교사에게는 가르쳐야 할 내용으로 '수업기준'이 됩니다. 하지만 지식적인 면만 나타내는 것이 아니라 기능, 태도적인 면까지도 포함하고 있지요.

둘째, 성취기준은 '평가기준'이기도 합니다. 성취기준은 학생이 학습으로 도착해야 할 최종 지점을 알려 주는 이정표와 같습니다. 그렇기 때문에 성취기준은 수업기준이면서 동시에 평가기준이기도 합니다. 2015 교육과정에는 평가 준거 성취기준이라는 것도 있습니다.

또 교사들이 평가를 하는 데 도움을 주고자 성취기준에 근거한 '평가기준'도 있습니다. 교육과정 성취기준에 도달한 정도를 상중하로 정리한 것으로, 학생이 학습으로 성취해야 할 능력과 특성 정도를 기술하고 있지요. 평가기준은 교사에게 무엇을 가르치고 평가해야 하는지 더욱 구체적으로 알려 줍니다.

셋째, 성취기준은 '교과서 집필 기준'입니다. 수업 시간에 사용하는 교과서는 교과서 집필자들이 성취기준을 바탕으로 개발한 자료이지요. 그렇기 때문에 교과서로 수업하는 교사는 교육과정을 '직접 사용'하는 것이 아니라 교과서로 교육과정을 '간접 사용'한다고 말하는 것입니다.

그런데 성취기준 앞에 보면 숫자가 붙어 있습니다. 교육과정 코드라고 하는 것으로 그 의미를 살펴보면 다음과 같습니다. 성취기준 앞에 있는 코드는 순서대로 학년군, 교과, 교과 영역, 성취기준 순서를 나타냅니다. 예를 들어 [6국01 – 05]라는 코드에서 6은 5~6학년군, 국은 국어 교과, 01은 국어 교과의 첫 번째 영역인 듣기·말하기 영역, 05는 다섯 번째 성취기준이라는 의미입니다. 즉, [6국01 – 05]라는 코드는 5~6학년군 국어 교과 듣기·말하기 영역의 다섯 번째 성취기준인 셈이지요.

혼란스런 성취기준, 통일이 필요하다

2009 교육과정의 성취기준은 교사들에게 많은 혼란을 가져다 주었습니다. 성취기준의 종류가 다양했기 때문이지요. 원래는 각 교과의 '학습 내용 성취기준'을 통상 '성취기준'이라고 했었습니다. 그런데 교육부에서 '2009 개정 교육과정에 따른 성취기준·수준' 자료를 개발하면서 교과의 학습 내용 성취기준을 '교육과정 내용'이라고 했고, 이 교육과정 내용을 평가에 적합하게 쓴 것을 '성취기준'이라고 했습니다. 첫 번째 혼란이 시작된 것이죠.

	교육과정 내용(원래 성취기준)	성취기준
사회	우리나라의 위치와 영역의 중요성(예: 독도, 비무장 지대, 접경 지역 등)을 이해할 수 있다.	지도나 지구본 등을 통해 우리나라의 위치와 영역을 찾을 수 있고 그 중요성(예: 독도, 비무장 지대, 접경 지역 등)을 설명할 수 있다.

물론 성취기준 의미에 큰 차이가 있지는 않지만, 이 둘을 동시에 사용하면서 나중에는 어느 것이 진짜 교육과정 문서에 제시된 성취기준인지 모르게 되어 버렸습니다. 그런데 더 큰 혼란은 이후 교육부에서 '2009 개정 교육과정에 따른 핵심 성취기준'을 발표하면서 발생했습니다. 성취기준의 수가 많다는 교사들 의견을 적극적으로 반영하여 앞서 발표된 '2009 개정 교육과정에 따른 성취기준·수준'에서 더 중요하게 생각하는 성취기준에 체크 표시를 하여 핵심 성취기준을 제시한 것이지요.

2009 개정 교육과정에 따른 초등학교 핵심 성취기준의 이해: 초등학교 5~6학년

교육과정 내용	성취기준	핵심 성취기준	선정 논리 및 일반 성취기준과의 관계
① 선사 시대 사람들의 생활 모습을 대표적인 유물과 유적을 통해 파악한다.	역6011. 대표적인 유물과 유적을 통해 선사 시대 사람들의 생활 모습을 설명할 수 있다.	V	– 본 단원은 역6011, 역6012, 역6013, 역6014, 역6015의 다섯 개의 성취기준으로 구성되며, 교육과정 내용, 단원 목표, 학습 성취기준 모두와 부합하는 핵심 성취기준은 역6011, 역6013, 역6014이다.
② 단군의 건국 이야기를 알고, 고조선이 우리 역사상 최초의 국가임을 이해한다.	역6012. 단군의 건국 이야기를 통해 고조선이 우리 역사상 최초의 국가임을 설명할 수 있다.		– 역6011은 선사 시대 사람들의 생활 모습에 대한 것으로 역사 이해의 출발이 되는 내용이고, 역6012의 고조선에 대한 학습을 연계하여 다룰 수 있으므로 역6011을 핵심 성취기준으로 선정하였다.

교육과정 내용	성취기준	핵심 성취기준	선정 논리 및 일반 성취기준과의 관계
③ 역사지도와 인물 이야기를 통해 고구려, 백제, 신라의 발전 과정을 파악한다.	역6013. 역사지도와 인물 이야기를 통해 고구려, 백제, 신라의 발전 과정을 설명할 수 있다.	V	– 역6013과 역6014의 경우 삼국과 통일 신라, 발해의 역사를 이해하는 데 기본이 되는 내용이고, 역6015의 삼국, 통일 신라와 발해 시기의 사람들의 생활 모습을 연계하여 설명할 수 있으므로 역6013, 역6014를 핵심 성취기준으로 선정하였다.
④ 선덕여왕, 김춘추, 김유신, 계백, 을지문덕, 대조영 등을 중심으로 삼국의 통일 과정과 발해의 건국을 이해한다.	역6014. 주요 인물을 중심으로 삼국의 통일 과정과 발해의 건국을 설명할 수 있다.	V	– 교육과정 내용, 단원 목표, 학습 성취기준과의 부합성, 내용 간의 포괄성 등을 고려하여 본 단원의 핵심 성취기준은 역6011, 역6013, 역6014로 설정한다.
⑤ 유물과 유적을 통해 삼국, 통일 신라와 발해 시기의 사람들의 생활 모습을 파악한다.	역6015. 유물과 유적을 통해 삼국, 통일 신라와 발해 시기의 사람들의 생활 모습을 설명할 수 있다.		

핵심 성취기준이라는 것 자체도 문제가 있었지만, 그보다는 교과마다 다른 방식으로 핵심 성취기준을 선정하면서 핵심 성취기준 해석이 교과마다, 사람마다 각기 달랐습니다. 내용 적정화 조치의 일환으로 핵심 성취기준만 가르치면 된다는 교사들도 있었고, 핵심 성취기준은 좀 더 중요하다는 것일 뿐 당연히 모든 성취기준을 다 가르쳐야 한다는 교

사도 있었습니다. 학교 현장에서는 '핵심 성취기준 vs 성취기준'으로 일대 혼란이 일어났습니다.

그래서인지 2015 교육과정에서는 전체 용어를 '교육과정 성취기준'으로 통일시켜 이런 혼란을 방지하고자 했습니다. 다만 '2015 개정 교육과정에 따른 평가기준'을 제시하면서 교육과정에는 없는 '평가준거 성취기준'을 추가했는데, 모든 교과에서 다 제시한 것도 아닙니다. 성취기준이 수업기준이자 평가기준이라면 굳이 평가준거 성취기준이라는 말을 쓸 필요는 없다고 봅니다. 정말 꼭 필요하지 않다면 새로운 용어를 만들어 혼란을 주기보다는 '교육과정 성취기준'이라는 용어로 통일하면 좋을 것입니다.

학년군	평가준거 성취기준 제시 교과
1~2학년군	수학, 통합 교과
3~4학년군	수학, 과학, 음악, 영어
5~6학년군	수학, 실과, 음악, 영어

05

[교육과정 문해력 2단계]
성취기준을 이해하다

성취기준을 찾았으니 이제 제대로 성취기준을 읽어 볼까요? 앞서 제시한 교육과정 읽기 과정에 따라 성취기준 의미를 해석해 보겠습니다. 여기에서 제시하는 사례는 단지 필자가 하는 성취기준 읽기의 예시일 뿐 정답은 아닙니다. 교사마다 얼마든지 다르게 읽을 수 있음을 유념하여 다양한 읽기를 시도해 봅시다.

교육과정 읽기의 과정

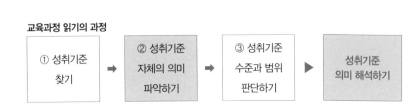

① 성취기준 찾기 ➡ ② 성취기준 자체의 의미 파악하기 ➡ ③ 성취기준 수준과 범위 판단하기 ▶ 성취기준 의미 해석하기

성취기준 자체의 의미 파악하기

첫 번째 과정은 성취기준 자체 의미를 파악하는 것입니다. 즉, 성취기준으로 학생들이 배워야 할 내용과 능력을 바르게 파악하는 것이지요. 그래야 성취기준에 어긋나지 않는 수업을 만들 수 있습니다. 성취기준 의미를 제대로 파악하려면 성취기준은 물론이고 성취기준에 이어서 따라 나오는 학습 요소, 성취기준 해설, 교수·학습 방법 및 유의 사항, 평가 방법 및 유의 사항을 잘 살펴보아야 합니다. 여기에서는 국어 교과 3~4학년군 쓰기 영역의 세 번째 성취기준으로 읽기를 해 보겠습니다.

> [4국03-03] 관심 있는 주제에 대해 자신의 의견이 드러나게 글을 쓴다.

성취기준을 보니 우선 크게 '관심 있는 주제'와 '의견이 드러나는 글쓰기'로 나눌 수 있습니다. 관심 있는 주제는 개인/모둠/학급/학교 수준 중에서 적절하게 선택하면 되고, 의견이 드러나게 글을 쓰려면 주장과 근거에서 예시를 들면서 설명을 하면 좋겠네요. 이어지는 학습 요소를 보니 '의견이 드러나는 글쓰기'입니다. 쓰기 영역이니 당연히 관심 있는 주제보다는 의견이 드러나는 글쓰기를 더 중요하게 생각해야겠지요.

> 관심 있는 주제 〈 **의견이 드러나는 글쓰기**

다음으로 성취기준 해설을 살펴보겠습니다.

어떤 대상이나 사실에 대해 자신의 의견을 밝히는 글을 쓰는 과정에서 **생각을 구체화 · 명료화 · 정교화하여 제시하는 능력**을 기르기 위해 설정하였다. 주변 현상에 대해 관심 갖기의 중요성을 일깨우고, 주장이 무엇이고 주장을 할 때에는 어떤 점에 주의해야 하는지를 기초적인 수준에서 다루도록 한다. 그리고 **주장을 뒷받침하는 근거를 들어** 자신의 의견이 뚜렷하게 드러나는 주장하는 글을 쓰게 한다.

– 성취기준 해설

글쓰기로 생각을 구체화 · 명료화 · 정교화하려는 목적이라는 것, 주변 현상에 대한 관심 갖기 그리고 의견이 드러나는 글쓰기를 할 때 주장을 뒷받침하는 근거를 들어야 한다는 점을 언급하고 있습니다.

생각의 구체화 · 명료화 · 정교화라는 글쓰기 목적은 3~4학년 학생들이 이해하기에는 힘들 듯하니 학생들에게 직접적으로 말하기보다는 교사가 예시를 들면서 간접적으로 느낄 수 있도록 지도하고, 어떤 대상을 글로 쓴다는 것은 그 대상에 대한 관심에서 시작한다는 내용을 꼭 지도하면 좋겠네요. 또 주장과 근거를 명확하게 이해할 수 있도록 지도해야 합니다.

다음으로 교수 · 학습 방법 및 유의 사항, 평가 방법 및 유의 사항을 살펴보겠습니다.

의견이 드러나는 글쓰기는 엄격한 형식을 갖추거나 지나치게 타당성이 높은 근거를 들도록 하기보다는 **주변의 현상에 관심**을 갖고 이에 대해 **자유로운 형식으로 주장을 펼 수 있도록** 한다.

– 교수 · 학습 방법 및 유의 사항

평가 목표는 쓰기의 목적, 읽는 이, **주제에 맞게 한 편의 글을 온전하게 썼는지**를 평가하는 데 주안점을 두어 설정한다.

– 평가 방법 및 유의 사항

아직 3~4학년이기 때문에 너무 엄격하게 글의 형식을 요구하거나 수준 높은 근거를 찾도록 하기보다는 글쓰기를 어려워하거나 싫어하지 않도록 자유로운 형식도 좋다고 했으니 수준에 따라 다른 글쓰기 형식을 선택하도록 하면 되겠네요. 그리고 이 성취기준에 해당되는 평가 목표는 주제에 맞는 글 한 편을 온전하게 쓰는 것이므로 큰 부담 없이 수업해도 좋겠습니다. 자, 그럼 지금까지 읽은 것을 정리해 볼까요?

관심 있는 주제 〈 **의견이 드러나는 글쓰기**

개인/모둠/학급/학교 수준,
주변에 대한 관심

주장과 근거,
학생들의 수준을 고려한
자유로운 글쓰기 형식

↓

목표: 생각을 구체화 · 명료화 · 정교화

성취기준 수준과 범위 판단하기

두 번째 과정은 다른 성취기준과 종적·횡적인 관계 속에서 그 성취기준 수준과 범위를 판단하는 것입니다. 교육과정 내용 체계를 보면 학년별로 내용이 종적·횡적으로 어떻게 구성되어 있는지 확인할 수 있는데, 이것으로 성취기준을 어느 정도 수준과 범위에서 지도해야 할지 판단할 수 있습니다.

[쓰기 영역]

핵심 개념	일반화된 지식	학년(군)별 내용 요소		
		초등학교		
		1~2학년	3~4학년	5~6학년
▶ 목적에 따른 글의 유형 • 정보 전달 • **설득** • 친교 · 정서 표현 ▶ 쓰기와 매체	의사소통의 목적, 매체 등에 따라 다양한 글 유형이 있으며, 유형에 따라 쓰기의 초점과 방법이 다르다.	**• 주변 소재에 대한 글** • 겪은 일을 표현하는 글	**• 의견을 표현하는 글** • 마음을 표현하는 글	• 설명하는 글 [목적과 대상, 형식과 자료] **• 주장하는 글 [적절한 근거와 표현]** • 체험에 대한 감상을 표현한 글

먼저 쓰기 영역에서 종적인 관계를 살펴보면, 3~4학년군 '의견을 표현하는 글'은 1~2학년군 '주변 소재에 대한 글'과 5~6학년군의 '주장하는 글' 사이에 있습니다. 즉, 주변 소재에 대한 글 → 의견을 표현하는 글 → 주장하는 글 순서대로 이어진다는 것이지요. 그렇다면 기본적으로 주변 소재에 대한 글쓰기를 발전시키면서 주장하는 글쓰기의 바탕이 될 수 있는 수준과 범위로 수업을 기획하면 됩니다.

1~2학년군과 5~6학년군 해당 내용 요소의 성취기준을 찾아 확인하면 어느 정도 수준과 범위에서 수업을 기획할지 결정하는 데 좀 더 도움을 받을 수 있습니다.

> [2국03-03] 주변의 사람이나 사물에 대해 짧은 글을 쓴다.
>
> 학습 요소: 짧은 글쓰기
> 성취기준 해설: 자신의 주변에서 소재를 찾아 글로 표현하는 능력을 기르기 위해 설정
> 자신의 주변에 있는 사람이나 사물에 관심을 가지고 그 **특징이 드러나도록 짧은 글**로 나타내 보게 한다.

> [6국03-04] 적절한 근거와 알맞은 표현을 사용하여 주장하는 글을 쓴다.
>
> 학습 요소: 근거를 들어 주장하는 글쓰기
> 성취기준 해설: 주장하는 글 쓰기의 능력을 기르기 위해 설정
> **주장하는 글 쓰기의 중요성과 특성, 주장하는 글의 조직 방식, 주장하는 글의 특징**에 따른 표현 방법에 대해 학습
> 특히 **주장과 근거의 개념, 주장과 근거의 관계** 등을 알고 이를 적절히 활용

사실 가르칠 성취기준 수준과 범위는 바로 이 '영역의 종적인 관계'로 거의 결정됩니다. 그렇기 때문에 여러 종적·횡적인 관계 중에서 가장 중요하고 신경을 써서 읽어야 하지요.

다음으로 쓰기 영역의 횡적인 관계를 통해서도 가르칠 성취기준 수준과 범위를 결정하는 데 약간의 도움을 받을 수 있습니다. 내용 체계를 보면 의견을 표현하는 글은 '마음을 표현하는 글'과 횡적인 관계를 맺고 있습니다.

[4국03-04] 읽는 이를 고려하여 자신의 마음을 표현하는 글을 쓴다.

학습 요소: 마음을 표현하는 글쓰기

성취기준 해설: **읽는 이의 흥미나 관심, 입장, 반응 등을 고려**하여 글을 쓰는 자세
주위 사람을 대상으로 하여 **자신의 정서와 감정을 표현**하는 글을 쓰는 경험
읽는 이를 고려하여 쓸 내용을 마련하거나 적절한 표현을 할 수 있는 능력

자신의 정서와 감정을 표현하는 글쓰기, 주장과 근거를 제시하는 주장하는 글쓰기라는 서로 다른 글쓰기 형식이 있고, 현재 성취기준은 논리적인 글쓰기에 초점을 두어야 한다고 생각해 볼 수 있겠네요.

마지막으로 국어 교과 내의 다른 영역인 듣기·말하기, 읽기, 문법, 문학 또는 다른 교과의 성취기준과 횡적인 관계 속에서 가르칠 성취기준 수준과 범위를 결정하는 데 도움을 받을 수 있습니다. 이 성취기준은 교수·학습 방법 및 유의 사항에 언급한 것을 참고합니다.

관심 있는 주제에 대해 자신의 의견을 쓰게 할 때에는 **읽기 영역**의 사실과 의견 구별하기 활동과 연계하여, 관심 있는 주제에 관한 객관적 사실과 이에 대한 자신의 의견을 구별하여 정리한 후 이를 글로 써 보게 할 수도 있다. 또는 **듣기 · 말하기 영역**의 인과 관계를 고려한 말하기 활동과 연계하여, 특정한 상황의 원인과 결과 그리고 그에 대한 자신의 의견을 글로 정리해서 발표하고 청중의 반응을 반영하여 보완하는 글을 써 보게 할 수도 있다.

– 교수 · 학습 방법 및 유의 사항

또 다른 교과의 성취기준과 횡적인 관계를 맺을 수 있는 성취기준을 정리해 보면 다음과 같습니다.

[4국02-04] 글을 읽고 **사실과 의견**을 구별한다.

[4국01-03] **원인과 결과**의 관계를 고려하여 듣고 말한다.

[4국04-05] **한글**을 소중히 여기는 태도를 지닌다.

[4사02-06] 현대의 여러 가지 가족 형태를 조사하여 **가족의 다양한 삶의 모습을** 존중하는 태도를 기른다.

[4사03-06] 주민 참여를 통해 **지역 문제를 해결**하는 방안을 살펴보고, 지역 문제의 해결에 참여하는 태도를 기른다.

[4과17-02] 물의 중요성을 알고 **물 부족 현상을 해결**하기 위해 창의적 방법을 활용한 사례를 조사할 수 있다.

[4도덕03-03] 남북 분단 과정과 민족의 아픔을 통해 **통일의 필요성**을 알고, 통일에 대한 관심과 통일 의지를 기른다.

사실 횡적인 관계는 성취기준 수준과 범위를 판단하는 데 도움을 주기도 합니다. 하지만 그것보다는 수업 시간에 다양한 활동을 할 수 있도록 '주제나 소재'를 선정하거나 결정하는 데 더 큰 역할을 합니다. 여기에서는 의견이 드러나는 글쓰기를 위한 주제를 결정하는 데 도움을 주지요. 즉, 한글 사용에 대한 의견 글쓰기, 지역 문제 해결에 대한 의견 글쓰기, 물 부족 현상 해결을 위한 의견 글쓰기, 통일에 대한 의견 글쓰기 등으로 활용할 수 있습니다. 따라서 횡적 관계는 교육과정 쓰기의 첫 과정인 '수업 가능성 상상하기'와 더 밀접한 관계가 있다고 할 수 있습니다. 횡적 관계를 맺어 다양한 수업의 소재와 주제를 생각해 볼 수 있으니까요. 지금까지 읽은 것을 정리하면 다음과 같습니다.

관심 있는 주제 〈 **의견이 드러나는 글쓰기**

사실과 의견, 원인과 결과, 한글,
지역 문제 해결, 물 부족 현상 해결, 통일   주변 소재에 대한 글   주장하는 글

(vs 마음을 표현하는 글쓰기)

교육과정을 읽는다는 것은 '성취기준 자체 의미를 파악하고 그 범위와 수준을 판단하여 성취기준에 담긴 의미를 해석하는 것'이라고 했습니다. 즉, 성취기준 자체 의미를 파악하는 과정과 성취기준 수준과 범위를 판단하는 과정을 합치면 성취기준에 담긴 의미를 해석하는 교육과정 읽기가 완성되는 것이지요. 국어 교과 3~4학년군 쓰기 영역의 세번째 성취기준 의미를 해석한 것을 간단히 정리하면 다음과 같습니다.

[4국03-03] 관심 있는 주제에 대해 자신의 의견이 드러나게 글을 쓴다.

관심 있는 주제　〈　**의견이 드러나는 글쓰기**

사실과 의견, 원인과 결과, 한글,
지역 문제 해결, 물 부족 현상 해결, 통일　　주변 소재에 대한 글　　주장하는 글
(vs 마음을 표현하는 글쓰기)

개인/모둠/학급/학교 수준,
주변에 대한 관심

주장과 근거,
학생들의 수준을 고려한
자유로운 글쓰기 형식

목표: 생각의 구체화 · 명료화 · 정교화

[교육과정 문해력 3단계]
수업을 상상하고 선택하다

교육과정을 자기 나름대로 읽었다면 이제는 교육과정을 자기 나름대로 쓸 차례입니다. 간단하게 말하면 교육과정 쓰기는 읽은 성취기준으로 자신만의 수업을 새롭게 만드는 일이지요. 성취기준을 읽고 성취기준으로 수업을 만들기 때문에 이제는 차시별로 진행되는 교과서는 잠시 내려놓아야 합니다. 아직 그것이 어렵다면 적어도 차시보다 좀 더 큰 단위인 성취기준이나 단원의 시각에서 교과서를 바라볼 수 있어야 합니다. 즉, 수업을 준비할 때 "이번 시간에 무엇을 할까?"가 아니라 "이 성취기준으로 무엇을 할까?" 또는 "이번 단원에서는 무엇을 할까?"를 생각할 수 있어야 한다는 것이지요.

그런데 성취기준으로 자신만의 수업을 만드는 일은 결코 쉽지 않습니다. 그것은 성취기준을 해석하고 자신만의 수업을 기획하는 데 많은 시간과 노력이 필요하기 때문이기도 하지만, 가장 큰 이유는 그동안 자신만의 수업을 만드는 일을 거의 한 적이 없기 때문이지요. 즉, 주어진 교과서 내용을 잘 전달하는 데 초점을 맞추다 보니 수업을 새롭게 만들어 보는 경험은 턱없이 부족한 것입니다.

어떤 일을 처음 시작할 때는 힘이 많이 들지만 그 일에 익숙해지고 나면 여유가 약간 생기기 마련이지요. 자신만의 수업을 만드는 일도 마찬가지입니다. 처음 자신만의 수업을 만들 때는 "내가 바로 하고 있을까? 아이들이 진짜 좋아할까? 아, 그냥 교과서로 수업할 것을 그랬나?" 하고 갈팡질팡할 것입니다. 하지만 조금씩 자신만의 수업을 시도하다 보면 경험이 쌓이고, 이어 자신만의 수업을 하는 재미도 느낄 수 있을 것입니다. 이것이 약간의 주저함과 망설임이 있더라도 과감하게 자신만의 수업을 만드는 시도를 해나가야 하는 이유이지요.

자, 그럼 이제부터 앞서 제시한 교육과정 쓰기 과정에 따라 읽고 해석한 성취기준으로 자신만의 수업을 만들어 보겠습니다. 교육과정 읽기처럼 교육과정 쓰기 또한 필자가 든 예시일 뿐이니 다양한 쓰기를 시도해 보기 바랍니다.

교육과정 쓰기의 과정

수업 가능성 상상하기

첫 번째 과정은 다양한 수업 가능성을 상상하는 것입니다. 한 편의 글을 쓸 때 먼저 주제는 무엇으로 하며 어떤 식으로 전개해 나갈지 다양하게 생각해 본다면 글쓰기에 큰 도움이 될 것입니다. 교육과정 쓰기도 마찬가지로 수업 주제는 무엇으로 하며 어떻게 전개해 나가면 좋을지 다양하게 상상해 본다면 수업을 만드는 데 많은 도움이 됩니다.

교육과정을 쓰기 위해서는 먼저 교육과정 읽기로 해석한 성취기준을 바탕으로 그 성취기준으로 할 수 있는 여러 가지 수업 가능성을 상상하는 것이 필요합니다. 앞서 교육과정 읽기로 해석한 성취기준을 다시 살펴볼까요?

[4국03-03] 관심 있는 주제에 대해 자신의 의견이 드러나게 글을 쓴다.

관심 있는 주제 〈 **의견이 드러나는 글쓰기**

사실과 의견, 원인과 결과, 한글,
지역 문제 해결, 물 부족 현상 해결, 통일   주변 소재에 대한 글   주장하는 글

(vs 마음을 표현하는 글쓰기)

↑

개인/모둠/학급/학교 수준,
주변에 대한 관심

주장과 근거,
학생들의 수준을 고려한
자유로운 글쓰기 형식

필자는 이 성취기준으로 수업을 만들 때 핵심 포인트는 '관심 있는 주제의 선정'이라고 생각합니다. 의견이 드러나게 글을 쓴다는 것은 정해져 있어 수업에 큰 변화는 줄 수 없지만, 글쓰기 주제를 어떻게 잡느냐에 따라 수업 모습과 길이가 달라지기 때문이지요. 특히 여기에서는 글쓰기 주제가 될 만한 다른 성취기준과 횡적인 연결을 다양하게 생각해 보는 것이 수업 가능성을 상상하는 데 도움이 됩니다.

또 이 성취기준으로만 수업을 진행할지 아니면 다른 성취기준과 연결하여 좀 더 긴 호흡의 수업으로 진행할지 고민할 필요도 있습니다. 다음은 필자가 교육과정 읽기를 바탕으로 상상한 수업 가능성 목록입니다.

〈단일 성취기준〉
• 주변에 대한 관심: 자기 주변에 대해 주의 깊게 바라보는 시간을 주어 주변에 대한 관심을 가지게 하고 그것을 통해 생활 속에서 느끼는 문제점을 찾아 (가족, 친구 등의 주변인들에게) 자기의 의견에 대해 쓰기
  예) 친구들에게 자기가 생각하는 문제점과 그것에 대한 의견이 드러나는 글쓰기
     가족들에게 자기가 생각하는 상황이나 문제점과 그것에 대한 의견이 드러나는 글쓰기

〈성취기준 연결〉
• 국어 – 사실과 의견: [관심 있는 주제]에 대한 사실과 의견을 정리하여 주장하는 글쓰기
• 국어 – 원인과 결과: [특정한 상황]의 원인과 결과 그리고 그에 대한 의견을 정리하고 글쓰기

- 국어 – 한글: 현재 [자기/주변 친구/사회 전반]의 한글 사용 실태를 알아보고
  이에 대한 주장과 의견 쓰기
- 사회 – 지역 문제 해결: 주민 참여를 통해 지역 문제를 해결하는 방안을 살펴보고
  이에 대한 주장과 의견 쓰기
- 과학 – 물 부족 해결: 물 부족 현상에 대해 조사해 보고 이를 해결하는 방안에 대해
  주장하는 글쓰기
- 도덕 – 통일: 통일의 필요성에 대해 알아보고 통일에 대한 의견이 드러나는 글쓰기

※ 주제 선정 및 글쓰기: 개인/모둠/학급/학교 수준 중 선택

교육과정 쓰기의 과정

| ① 수업 가능성 상상하기 | → | ② 최적의 수업 가능성 선택하기 | → | ③ 수업과 평가 계획하기 | ▶ | 교육과정 재구성하기 |

최적의 수업 가능성 선택하기

두 번째 과정은 상상했던 다양한 수업 가능성 중에서 최적의 가능성을 판단하여 선택하는 것입니다. 즉, 교사의 철학과 기호, 학생의 특성, 학교의 상황 등을 고려하여 교사 본인이 가장 자신 있게 할 수 있고 학생들에게 가장 효과적일 것 같은 수업을 선택합니다.

필자는 개인적으로 수업을 이끌어 가는 가장 큰 힘은 '교사'에게서

나온다고 믿습니다. 물론 학생들도 중요하지만 학생들을 움직이게 만드는 것도 교사라고 생각하기 때문이지요. 수업을 이끄는 교사의 이런 힘은 교사가 가지는 철학이나 기호에서 비롯되는 경우가 대부분입니다. 그래서 필자는 학생들이 좋아할 수업보다는 교사가 좋아하는 수업을 할 때 수업의 성공 확률이 높다고 생각하며, 최적의 수업 가능성을 선택할 때도 내가 의미 있게 여기는 것 중에서 좋아하고 잘할 수 있는 것을 선택하는 편입니다. 즉, 여러 수업 가능성 중에서 교사의 철학과 기호에 맞는 것을 선택하는 것이지요.

또 학생들의 특성과 학교 상황을 고려하는 것도 필요합니다. 수업 참여도, 과목 선호도, 모둠 활동, 교우 관계, 학급 분위기 등을 고려하여 반 학생들의 특성에 맞는 수업 가능성을 선택하고 수업 형태를 생각해야 합니다. 각종 행사 진행 상황, 특별실 활용 여부, 수업 기기의 활용, 필요한 경비 지원 등 학교 상황도 고려해야 합니다.

이제 필자가 생각하는 최적의 수업 가능성을 알아볼까요?

필자는 단일 성취기준보다는 다른 성취기준과 연결하여 좀 더 긴 호흡의 수업을 하는 것을 선호하는 편입니다. 개인적으로 STEAM 교사연구회를 하면서 세종대왕 프로그램을 개발하고 수업에 적용한 적이 있기 때문에 세종대왕과 한글을 많이 알고 있으며 자신도 있는 편이지요. 한편 우리 반은 전체적으로 분위기가 활발하고 모둠별로 의견을 주고받으며 협동하여 문제를 해결하는 것도 원활합니다. 그래서 필자는 한글을 주제로 국어과 성취기준을 횡적으로 연결했습니다.

모둠별로 학교 학생들의 한글 사용 실태를 조사하고, 결과를 바탕으로 의견을 나누게 한 후 최종적으로 한글 사용에 대한 자신의 의견이 드러나는 글쓰기를 개별적으로 하려고 합니다. 이런 글쓰기 활동을 하면서 한글을 소중히 여기는 태도를 가질 수 있을 것입니다. 필자가 선택한 최적의 수업 가능성은 다음과 같습니다.

〈성취기준 연결〉

[4국03-03] 관심 있는 주제에 대해 자신의 의견이 드러나게 글을 쓴다.

[4국04-05] 한글을 소중히 여기는 태도를 지닌다.

- 학교 학생들의 한글 사용 실태를 조사하고 결과에 대해 협의한 후
  　　　　　　 (모둠 수준)　　　　　　　 (모둠 수준)

  이에 대한 자기의 의견 쓰기
  　　　　　 (개인 수준)

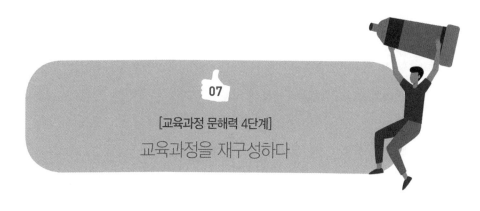

[교육과정 문해력 4단계]

교육과정을 재구성하다

교육과정 쓰기의 과정

| ① 수업 가능성 상상하기 | ⇒ | ② 최적의 수업 가능성 선택하기 | ⇒ | ③ 수업과 평가 계획하기 | ▶ | 교육과정 재구성하기 |

교육과정 쓰기의 마지막 과정은 선택한 최적의 수업 가능성으로 학생중심수업과 과정중심평가를 계획하는 것입니다. 우선 선택한 수업 가능성의 전체적인 흐름을 좀 더 가다듬습니다. 그리고 이에 맞는 활동 주제를 정하고 수업 내용과 수업 방법을 구체화합니다. 또 수업 중 성취기준 도달 정도와 여부를 확인할 수 있도록 적절하게 평가 계획을 세우면 되지요.

이렇듯 교육과정을 쓴다는 것은 성취기준을 토대로 수업과 평가 계획을 세우는 것입니다. 즉, 교육과정을 재구성하는 것이지요. 그리고 이렇게 재구성한 교육과정을 실행하는 것이 바로 학생중심수업과 과정중심평가입니다. 그렇기 때문에 앞서 교육과정 문해력을 '성취기준 해석하기(교육과정 읽기) + 교육과정 재구성(교육과정 쓰기)'으로 정의하고 수업, 평가의 실행은 포함하지 않는다고 했던 것입니다.

수업을 계획할 때는 한 차시 수업이 아니라 호흡이 긴 수업이기 때문에 전체적인 흐름이 자연스럽게 이어지도록 해야 합니다. 즉, 성취기준 도달에 적합한 활동 주제를 선정하고 각 활동 주제의 연결이 자연스러운지 확인해야 하지요. 또 토론수업, 프로젝트 수업, 하브루타, 배움의 공동체, 거꾸로 교실 등 다양한 학생 참여형 수업 방법 중 성취기준 도달에 가장 적절한 수업 방법을 선택하는 것도 중요합니다.

과정중심평가는 수업 과정 중 성취기준 도달 정도를 확인하여 피드백을 주며 최종적으로는 성취기준 도달 여부를 확인하는 것입니다. 그렇기 때문에 평가를 계획할 때는 수업의 어느 지점에서 어떤 방법으로 학생들의 성취기준 도달 정도를 확인하고 피드백을 줄지 정하는 것이 중요하지요. 이렇듯 과정중심평가는 수업으로 학생들이 성취기준에 잘 도달할 수 있도록 도와주는 역할을 하는 것입니다. 즉, 과정중심평가를 하려고 학생중심수업을 계획하고 교육과정을 재구성한다는 본말이 전도된 생각은 옳지 않습니다.

수업과 평가 계획을 구체화할 때 교사는 수업 지도안을 작성합니다. 과거에는 내 지도안을 보고 다른 사람이 그대로 수업할 수 있어야 한다고 할 정도로 지도안에 모든 것을 세세하게 적었습니다. 심지어 교사의 발문과 학생들의 예상 답변까지도 적었습니다. 실제 수업을 준비하는 것보다 수업 지도안을 작성하고 편집하는 데 더 많은 시간이 들기도 했지요.

하지만 교육과정을 재구성할 때는 이전의 지도안 양식에서 벗어날 필요가 있습니다. 성취기준 또는 단원 단위의 수업을 계획하기 때문에 수업 차시가 많습니다. 이 많은 차시를 과거의 지도안 양식으로 작성한다면 아마 수업을 준비하지는 못하고 문서만 작업하다 끝날 것입니다. 지도안 작성이 힘들어 교육과정 재구성을 싫어해서야 되겠습니까?

그렇기 때문에 지도안은 아주 '간단하게 작성'하면 좋을 것입니다. 전체적인 수업 흐름을 알 수 있고, 학생들이 해야 할 활동이 무엇이고 어떤 식으로 수업을 하며, 수업 중 평가는 어디에서 어떤 방법으로 하는지 보여 주면 되지요. 이제 선택한 최적의 수업 가능성으로 학생중심수업과 과정중심평가를 계획해 보겠습니다.

> 〈성취기준 연결〉
>
> [4국03-03] 관심 있는 주제에 대해 자신의 의견이 드러나게 글을 쓴다.
>
> [4국04-05] 한글을 소중히 여기는 태도를 지닌다.
>
> • 학교 학생들의 한글 사용 실태를 조사하고 결과에 대해 협의한 후
> (모둠 수준)　　　　　　　　　　　(모둠 수준)
>
> 이에 대한 자기의 의견 쓰기
> (개인 수준)

※ 평가: 한글 사용에 대한 의견 및 의견 변화를 확인하고 왜 그렇게 생각하는지

질문하고 피드백

찬반 토론 활동 때 제시하는 근거 및 개별로 조사한 근거 확인하고 피드백

글쓰기는 학생과 교사 피드백

한글을 소중히 여기는 태도는 수업 전반에 걸친 관찰 및 완성한 글 평가

성취기준	[4국03-03] 관심 있는 주제에 대해 자신의 의견이 드러나게 글을 쓴다. [4국04-05] 한글을 소중히 여기는 태도를 지닌다.			
활동 주제	차시	활동 및 내용	평가	자료
한글 사용 실태 조사하기	1–3	1. 한글 사용에 대한 뉴스 시청 2. 모둠별 한글 사용 실태 조사표 만들기 3. 한글 사용 실태 조사하기(학교 학생 대상) 4. 조사 결과 정리하기		동영상 조사표
한글 사용에 대해 토론하기	4–5	5. 조사 결과에 대한 자기 의견 정리하기 6. 한글 사용에 대한 모둠별 찬반 토론하기 　– 찬반 역할을 바꾸어 가며 토론하기 7. 모둠별 토론한 결과 정리해서 발표하기	의견 확인 토론 관찰	토론 진행 예시안
의견 드러나는 글쓰기	6–8	8. 토론 이후 자기 의견 간단히 정리하기 9. 자기 의견 구체화하고 근거 조사하기 10. 자기 의견이 드러나게 글쓰기 11. 모둠별로 쓴 글 돌려 읽고 피드백 주기 12. 교사가 읽고 피드백 주기 13. 글 완성하기	의견 확인 근거 확인 글쓰기(학생) 글쓰기(교사) **[최종평가]**	

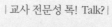

'교사는 전지전능해야 한다'는 말에 대한 유감(有感)

과정중심평가를 위한 교사의 역량

교사의 평가 전문성		과정중심평가를 위한 추가 교사 역량
평가 방법 선정 능력		교육과정 문해력
평가 도구 개발 능력		학습 전략 처방 능력
평가 실시 · 채점 · 성적 부여 능력	+	학습 환경 조성력
평가 결과 분석 · 해석 · 활용 · 의사소통 능력		학습 자원 활용 능력
평가의 윤리성 인식 능력		

– 강대일 · 정창규, 『과정중심평가란 무엇인가』, 에듀니티, 2018, 83쪽

교육과정 문해력의 세부 요소

영역	영역별 세부 요소

교육과정
문서 해석
	• 교육과정 문서와 자료를 구분할 수 있는 능력
	• 교육과정 총론 해석
	  – 핵심 역량의 의미
	  – 교육과정 · 수업 · 평가 운영에 대한 사항
	• 교육과정 각론 해석
	  – 교과 영역별 내용 체계표 해석 능력
	  – 성취기준 분석 능력

교육과정 설계	• 주제 중심 교육과정의 주제 선정 능력 • 교육과정 설계를 위한 시수 규정 • 주제 연관 성취기준 선정 능력 • 성취기준을 반영한 단원 설계 능력 • 7대 안전교육 및 법정이수 주제를 반영한 교육과정 설계 능력
수업	• 수업 디자인을 위한 성취기준 분석 능력 • 교과서 수업 내용과 성취기준의 연관성 분석 • 수업을 교육과정 관점에서 볼 수 있는 눈 • 성취기준의 효율적 도달을 위한 수업 재료 선별 능력 • 배움을 확인할 수 있는 평가 장면과 피드백을 반영한 수업 디자인 능력
평가	• 평가 관련 문서인 훈련과 지침 해석 능력 • 총론에 제시된 '과정중심평가' 의미 해석 능력 • 평가 계획 설계 능력 • 성취기준 도달도 확인을 위한 평가 요소 선정 능력 • 성취기준 도달도 확인을 위한 최적화된 평가 방법 선정 능력 • 평가 설계(수행 과제와 채점 기준안 설정) 능력 • 효율적인 피드백 선정 능력 • 성장과 발달을 드러낼 수 있는 기록 능력 • 효율적인 가정통지 능력

– 유영식, 「**교육과정 문해력**」, 즐거운학교, 2018, 53쪽

과정중심평가를 위한 교사 역량과 교육과정 문해력의 세부 요소를 보면서 어떤 느낌이 드나요? 필자는 우선 표를 보면서 "교사가 갖추어야 할 것이 이렇게 많아?" 하고 깜짝 놀랐습니다. 그러고는 "그럼 나는 얼마나 갖추었나?" 하고 하나하나 살펴보다가 이내 확인하기를 포기하고는 "난 평생을 해도 과정중심평가 역량과 교육과정 문해력을 갖추지 못할 수도 있겠다."라는 절망감이 들었지요.

사실 하나하나 확인해 보면 교사로서 갖추어야 할 역량과 능력이 맞기는 합니다. 하지만 이 많은 것을 교사가 어떻게 다 갖출 수 있을까요? 각각의 역량과 능력도 결코 쉽게 갖출 수 없는데 말이지요. 이 표는 마치 교사에게 전지전능하라고 말하는 것 같습니다.

그런데 사실 교사는 과정중심평가의 역량과 교육과정 문해력의 요소 중 이미 많은 것을 갖추고 있답니다. 역량, 능력이라고 거창한 용어로 이야기하니까 "내가 진짜 저것을 잘하고 있나?" 하고 위축되었을 뿐이지 제시된 역량과 능력 대부분은 이미 교육 활동으로 하고 있습니다.

한번 확인해 보세요. 학기말 총괄평가를 하려고 시험 문제를 출제할 때 이미 앞서 나열한 과정중심평가 역량 중 많은 것을 발휘하고 있습니다. 또 일상 수업과 평가를 할 때도 교육과정 문해력의 여러 능력을 활용하고 있지요. 결과중심평가의 상징인 총괄평가 시험 문제를 출제하는데 과정중심평가 역량을 발휘하고, 교과서 위주 수업을 하는데 교육과정 문해력을 발휘하다니 대체 무슨 일일까요? 이것은 과정중심평가 역량과 교육과정 문해력의 여러 능력이 교사가 완전히 새롭게 갖추어야 할 역량과 능력은 아님을 말해 줍니다.

다만 제대로 된 과정중심평가 역량과 교육과정 문해력을 갖추려면 그동안 하고 있던 교육 활동에 대한 '관점'을 바꾸어야 합니다. 즉, 주어진 교육과정인 교과서에서 만들어 가는 교육과정인 교육과정 재구성으로, 교사중심수업에서 학생중심수업으로, 결과중심평가에서 과정중심평가로 교육과정, 수업, 평가를 바라보는 관점을 바꾸어야 하는 것이지요. 관점이 바뀌고 나면 그동안 해 오던 활동들이 다르게 보이고, 이에 따라 갖추어야 할 역량과 능력도 조금은 변해 있을 것입니다.

　　그렇기 때문에 과정중심평가 역량과 교육과정 문해력의 세부 능력을 모두 새롭게 갖추려고 너무 조바심을 낼 필요는 없습니다. 교사는 전지전능한 신도 아니고 전지전능할 필요도 없으니까요. 부족한 것이 있으면 조금씩 채워 나가면 됩니다. 그리고 무엇보다 교육과정, 수업, 평가를 바라보는 관점을 바꾸는 것이 중요합니다.

행복한 수업을 만드는
교수평 일체화, 교육과정 문해력, 그리고 학생중심수업 프로젝트

4부

교사와 교사가
함께 만드는
프로젝트 수업 전략을
공개하다

교육과정 재구성에서 프로젝트 수업을 발견하다

성취기준을 바르게 읽고 해석하여 자신만의 수업을 새롭게 만들기 시작하면서 이제 교과서를 벗어나 교육과정 속으로 조금씩 들어갑니다. 교육과정 문해력을 가지면서 교과서 진도 나가기식 수업보다는 교과서 재구성 수업과 교육과정 재구성 수업을 조금씩 시도합니다. 물론 교과서 재구성보다는 교육과정 재구성으로 나아가면 더 좋을 것입니다. 이렇듯 교사는 재구성 수업을 다양하게 꾸준히 실천하면서 교육과정 문해력을 향상시키고 수업 중심을 조금씩 교과서에서 교육과정으로 옮겨 가야 할 것입니다.

교육과정 재구성은 교과서 내용에서 벗어나 성취기준을 바탕으로 상상력을 발휘하여 자유롭게 수업을 만드는 것입니다. 그렇기 때문에 교육과정 재구성 수업을 할 때는 성취기준을 꼼꼼히 읽어 바르게 해석해야 하고, 그것을 바탕으로 성취기준 도달에 적합한 수업을 만들 수 있는 수준 높은 교육과정 문해력이 필요합니다.

교과서 – 교육과정 재구성 스펙트럼

교과서 진도 나가기	교과서 재구성		교육과정 재구성
교과서 내용 그대로	교과서 차시, 내용 증감	성취기준으로 교과서 내용 변경, 차시 변경, 내용 증감	성취기준으로 수업 내용 재구성 **[프로젝트 수업]**

교과서 중심 ⟶ 교육과정 중심

이런 교육과정 재구성 수업에서는 토의토론수업, 거꾸로 교실, 문제 중심학습, 배움의 공동체 등 다양한 수업 방법을 활용할 수 있습니다. 이렇게 다양한 수업 방법이 있지만, 필자는 교육과정 재구성의 꽃은 역시 '프로젝트 수업'이라고 생각합니다. 프로젝트 수업은 교사 자율성과 상상력을 최대로 발휘할 수 있게 할 뿐만 아니라 학생들이 자발적으로 참여할 수 있게 하여 성취기준 도달에도 가장 효율적이기 때문이지요.

즉, 교사는 프로젝트 수업을 만들어 실행하면서 교육과정 문해력이라는 전문성을 마음껏 발휘할 수 있고, 교사로서 성취감과 만족감도 느낄 수 있습니다. 또 학생들은 스스로 계획하고 친구들과 함께 문제를 해결하는 경험을 쌓아 성취기준에 효과적으로 도달할 뿐만 아니라 다양한 미래 역량도 함양할 수 있지요. 많은 교사가 교육과정을 재구성하면서 프로젝트 수업을 선택하는 것도 이런 이유 때문일 것입니다.

교사와 교사가 함께 만드는
프로젝트 수업을 공개하다

"프로젝트 수업을 하고 싶은데 어떻게 해야 할지 몰라 막막해요."

아마 많은 교사가 프로젝트 수업 앞에서 느끼는 마음일 것입니다. 그래서 출간된 프로젝트 수업 책도 찾아보고 프로젝트 관련 연수도 듣지요. 하지만 대부분은 프로젝트 수업의 최종 계획안과 도저히 따라 할 수 없을 것 같은 프로젝트 수업 사례만 보여 줍니다. 결국 처음을 어떻게 시작해야 할지 몰라 프로젝트 수업을 포기하는 경우가 많습니다.

그럼 프로젝트 수업의 처음은 무엇일까요? 실제로 프로젝트 수업을 하려면 먼저 프로젝트 수업을 만들어야 하겠죠. 그리고 수업을 만드는 방법도 알아야 하겠지요. 즉, 프로젝트 수업의 처음은 바로 '프로젝트 수업을 만드는 방법'을 아는 것입니다. 그렇기 때문에 프로젝트 수업을 처음 하는 교사에게 가장 필요한 것은 수업의 최종 계획안이나 수업 사례가 아니라 바로 프로젝트 수업을 만들어 가는 실제 과정입니다. 그것을 알아야 프로젝트 수업을 만들어서 실제로 수업을 할 수 있으니까요.

4부에서는 프로젝트 수업을 만드는 방법을 실제 작업 과정에 따라 보여 주려고 합니다. 프로젝트 수업의 전체 계획은 교육과정 계획, 수업 계획, 평가 계획 세 과정으로 나누고, 각 과정은 다시 세부 단계로 나눕니다. 계속 말하지만 여기에서 소개하는 방법은 필자가 사용한 예시일 뿐이니 다른 좋은 방법이 있다면 그것을 활용하면 됩니다.

다만 한 가지만 당부하고 싶습니다. 프로젝트 수업을 만들 때는 혼자서 하지 말고 동료 교사와 함께 하라는 것입니다. 시간이 많이 걸리고 때로는 마음이 맞지 않아 불편할지도 모르지만 서로 협의하는 과정을 거쳐 프로젝트 수업을 만들어 보세요. 이런저런 대화 속에서 프로젝트 수업을 멋지게 완성해 가는 신기한 경험을 할 수 있을 것입니다. 프로젝트 수업에서 학생들의 협력이 필수조건이듯, 프로젝트 수업을 만드는 과정에서는 교사들의 협력이 필수조건입니다.

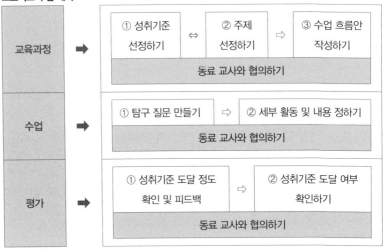

프로젝트 수업은 각 과정과 세부 단계에 따라 만들겠지만, 프로젝트 수업의 전체 관점에서도 고려해야 할 것이 있습니다.

첫째, 프로젝트 수업의 '전체 흐름'입니다. 프로젝트 수업은 한 차시 수업이 아니라 호흡이 긴 수업이라고 했습니다. 그렇기에 수업의 처음 부터 마지막까지 전체 흐름이 자연스러워야 합니다. 그래야 흐름에 따라 학생들이 편하게 프로젝트를 수행할 수 있고, 교사 역시도 수업을 진행하는 데 힘이 덜 들지요. 각 과정과 세부 단계에 따라 작업을 하면서도 활동 주제와 활동 주제의 연결, 세부적인 수업 내용의 연결이 자연스러운지 전체 관점에서 항상 확인해야 합니다.

둘째, 프로젝트 수업에 들어가는 '활동 수와 수준의 적절함'입니다. 프로젝트 수업을 실제로 진행해 보면 계획한 차시에 끝나는 경우는 거의 없고 대부분 시간이 1.5배 정도 더 듭니다. 이렇게 시간이 많이 드는 이유는 수업 활동의 수가 많거나 수업 활동의 수준이 학생들에게는 너무 높게 계획되었기 때문이지요. 안 그래도 긴 프로젝트 수업인데 수업 시간이 더 길어지면 교사와 학생 모두 힘이 듭니다. 전체 관점에서 수업 활동의 수와 수준을 적절하게 계획해야 교사와 학생 모두에게 즐거운 프로젝트 수업이 될 것입니다.

[프로젝트 수업 1단계]
성취기준과 주제를 선정하라

프로젝트 수업을 계획하는 첫 번째 과정은 '교육과정 계획'입니다. 교육과정 계획은 다양한 성취기준을 읽으며 그 속에서 주제를 찾아내고, 이것으로 수업을 위한 큰 흐름을 잡는 과정이지요. 자, 그럼 프로젝트 수업을 만들어 볼까요?

대부분은 프로젝트 수업을 계획할 때 주제 선정을 가장 먼저 하라고 이야기합니다. 즉, 프로젝트 주제를 정한 후 그 주제에 적합한 성취기준

을 찾으라는 것이지요. 하지만 이렇게 하면 프로젝트 주제에 적합한 성취기준이 없어 고민에 많이 빠집니다. 교사가 선택할 수 있는 성취기준은 해당 학년 중에서도 해당 학기의 성취기준뿐이어서 선택의 폭이 너무나 좁기 때문입니다.

현재 교육과정 문서에 성취기준들은 학년군별로 제시되어 있습니다. 그래서 원론적으로 이야기하면 학년군의 성취기준에서 원하는 것을 선택하여 해당 학년의 교육과정과 수업을 특색 있게 계획할 수 있습니다. 물론 학년군의 다른 학년과 협의 및 조정하는 과정을 거쳐야 하겠지요. 교사라면 누구나 이때 전학 문제 등 현실적으로 해결하기 힘든 문제들이 발생한다는 것을 잘 압니다. 그래서 학교 현장에서는 대개 교과서에 제시된 단원과 내용에 따라 학년별로, 학기별로 성취기준을 정리해서 사용하지요.

이런 현실이기에 프로젝트 수업을 구상할 때는 먼저 해당 학년, 해당 학기의 성취기준을 쭈욱 훑어보는 것이 좋습니다. 이후 이런 성취기준을 보며 "어떤 주제가 가능할까?" 하고 고민하면서 임시 주제를 정합니다(성취기준 → 주제). 임시 주제를 정하면 그 주제에 적합한 성취기준을 찾아 보충합니다(주제 → 성취기준). 이후 보충한 성취기준을 바탕으로 주제를 확장하거나 변경할 수도 있지요(성취기준 → 주제). 이렇게 성취기준 선정하기와 주제 정하기는 서로 영향을 주면서 발전합니다(성취기준 ↔ 주제).

한편 주제에 맞는 성취기준을 가져올 때 되도록이면 단원을 통째로 가져오는 것이 여러모로 좋습니다. 즉, 그 단원에 해당되는 성취기준을 다 가져오는 것이지요. 단원 전체를 가져오면 교육과정 진도표를 작성할 때도 편리하고, 실제 수업이나 평가를 할 때도 한 번에 끝낼 수 있습니다. 그렇다고 주제에 맞지 않는 성취기준을 억지로 넣어서 단원 전체를 가져올 필요는 없습니다.

자, 그럼 실제 사례로 성취기준 선정 및 주제 선정하기 단계를 살펴보겠습니다. 여기에 제시하는 사례는 2018학년도 5학년 1학기에 남대구초등학교 정선우 선생님과 함께 프로젝트 수업을 계획해서 실행한 것입니다. 2018학년도는 2009 교육과정이 적용되는 마지막 해였으며, 남대구초등학교의 프로젝트 수업은 대개 50차시 내외(놀랍지 않나요?)로 계획하여 실행합니다.

우선 5학년 1학기 교과별 성취기준을 보면서 각자 나름대로 임시 주제를 정하고, 그 임시 주제에 적합한 성취기준이나 단원을 찾아서 정리합니다. 이때는 성취기준을 훑어보면서 "이런 것들을 하고 싶어." 정도에서 대충대충 교과와 단원을 가져오면 됩니다. 필자는 '남대구 문학을 만나다'와 '별이 빛나는 남대구 밤'을 주제로, 정선우 선생님은 '나는 자연인이다', '남대구 북카페', '아름다운 우리나라(우리나라 알리기)'를 주제로 프로젝트를 대략적으로 구상했습니다. 이렇게 만든 각자의 프로젝트안을 가지고 학년 프로젝트를 만드는 1차 협의를 시작했습니다.

1차 협의 전 프로젝트안: 필자

주제	교과	단원	성취기준 및 내용
남대구 문학을 만나다	국어	1. 인물의 말과 행동	문학(5) 작품 속 인물의 생각과 행동을 나와 견주어 이해하고 평가한다.
	국어	2. 토의의 절차와 방법	듣말(4) 토의를 통하여 일상생활의 문제를 해결하는 태도를 지닌다.
	국어	4. 작품에 대한 생각	문학(1) 자신이 좋아하는 문학 작품을 듣고 그 이유를 말한다. 쓰기(4) 적절한 이유나 근거를 들어 주장하는 글을 쓴다.
	국어	12. 문학에서 찾는 즐거움	문학(2) 작품에서 말하고 있는 사람의 관점을 이해한다. 문학(5) 작품 속 인물의 생각과 행동을 나와 견주어 이해하고 평가한다.
	미술		시화 또는 포스터 만들기
	음악		생활 속에서 음악 즐기기
별이 빛나는 남대구 밤	과학	3. 식물의 구조와 기능	식물 기르고 관찰하기
	국어	5. 대상의 특성을 살려	쓰기(3) 적절한 방법을 사용하여 대상의 특징이 드러나게 글을 쓴다.
	수학	5. 여러 가지 단위	넓이 단위
	과학	2. 태양계와 별	
	실과	2. 나의 균형 잡힌 식생활	건강 간식 만들기 / 저녁
	체육		걷기

1차 협의 전 프로젝트안: 정선우 선생님

주제		교과 및 단원		
나는 자연인이다	과학	3. 식물의 구조와 기능	10	49
	사회	2. 환경과 조화를 이루는 국토	9	
	실과	5. 생활 속의 동식물	10	
	국어	2. 토의의 절차와 방법	8	
	미술	미술로 만나는 새로운 세계 – 새로운 발견의 시작	6	
		8. 만들기 나라로 – 지구를 살리는 폐품 예술	6	
남대구 북카페	국어	4. 작품에 대한 생각	8	45
		12. 문학에서 찾는 즐거움	6	
		2. 토의의 절차와 방법	8	
	미술	9. 소통의 세계로 – 시각문화로 아름다운 세상을 만들어요	4	
		11. 쓰임이 있는 미술 – 전달할 내용을 효과적으로 전달해요	4	
	과학	4. 용해와 용액	9	
	수학	6. 직육면체	6	
아름다운 우리나라 (우리나라 알리기)	사회	살기 좋은 우리 국토	9	56
	미술	5. 전통 미술의 세계로 – 먹그림에 색을 더해요	6	
		11. 쓰임이 있는 미술	10	
	국어	2. 토의의 절차와 방법	8	
		5. 대상의 특성을 살려	8	
	체육	4. 표현활동 – 2)우리나라의 민속 무용을 표현하며	7	

주제	교과 및 단원		
아름다운 **우리나라** (우리나라 알리기)	음악	1. 소리여행의 시작 – 탈춤(감상)	1
		2. 생활과 자연의 소리 – 쾌지나 칭칭나네	3
		3. 음악으로 지구 한 바퀴 – 축제음악, 아리랑	4

[프로젝트 수업 2단계]

동료 교사와 협의하라

프로젝트 수업을 계획할 때 교육과정 문해력만큼이나 중요한 것이 있습니다. 바로 '동료 교사와 협의'하는 것입니다. 물론 교육과정 문해력이 있으면 혼자서도 뚝딱 프로젝트 수업을 계획하고 실천할 수 있겠지요. 하지만 프로젝트 수업을 계획할 때 마음이 맞는 동학년 또는 동료 교사와 함께 협의하면서 집단 지성을 발휘해 보세요. 협의를 한 번씩 거칠 때마다 프로젝트 수업 수준이 쑥쑥 올라가는 것을 단박에 느낄 수 있을 것입니다.

하지만 계획을 다 짜 놓은 상태에서 협의하는 것은 별로 좋지 않습니다. 열심히 해서 만든 프로젝트를 다른 사람이 이래라저래라 하는 것은 누구에게나 불편한 일이니까요. 프로젝트를 만드는 첫 과정부터 협의를 함께하는 것이 좋습니다. 또 프로젝트 협의는 3~4명이 가장 좋고,

성별이 다르고 다양한 연령대가 함께하면 더욱 시너지 효과가 클 것입니다. 필자 팀은 남자 교사만 2명이었고 30대 1명, 40대 1명이었습니다.

그럼 필자 팀이 어떻게 서로 협의를 했는지 살펴보겠습니다. 먼저 각자 대략 만들어 준비한 프로젝트안을 소개합니다. "나는 이런 주제로 이런 교과와 단원을 가져와서 이렇게 프로젝트를 진행해 보고 싶다." 정도로 이야기하면 됩니다. 서로가 하는 이야기를 다 듣고 나면 공통된 주제와 내용의 프로젝트나 "이것으로 하면 좋겠다." 싶은 프로젝트가 있을 것입니다. 프로젝트 주제는 이런 식으로 정하면 됩니다.

필자가 정한 '별이 빛나는 남대구 밤'과 정선우 선생님이 정한 '나는 자연인이다', 필자의 '남대구 문학을 만나다'와 정선우 선생님의 '남대구 북카페'가 내용이 비슷했습니다. 또 우리나라의 지리, 음악, 미술 등 다양한 면을 외국인에게 소개하는 프로젝트를 하면 좋겠다고 의견을 모아서 정선우 선생님의 '아름다운 우리나라(우리나라 알리기)'를 좀 더 발전시키기로 했습니다.

이렇게 세 가지 임시 주제를 정한 후에는 간단하게 각 주제별로 수업을 이렇게 저렇게 해 보자는 이야기를 주고받습니다. 이야기와 동시에 교과의 성취기준과 단원을 넣었다 뺐다 하면서 프로젝트 윤곽을 대충 만들어 가는 것이지요. 한 번의 협의로는 절대 프로젝트 수업을 완성할 수 없으니 너무 서두르지 마세요. 이렇게 협의한 결과는 정리해서 두 번째 협의 자료로 활용합니다.

1차 협의 후 정리한 자료

주제	교과	단원 및 내용	시수	
나는 자연인이다 (친환경 텃밭 가꾸기)	과학	3. 식물의 구조와 기능	10	32
	실과	2. 나의 균형 잡힌 식생활	12	
	수학	3. 다각형의 넓이	4	
	미술	미술로 만나는 새로운 세계 – 새로운 발견의 시작	6	
문학 읽어 주는 북카페 (책책책 책을 읽읍시다)	국어	4. 작품에 대한 생각	8	32+9
		12. 문학에서 찾는 즐거움	6	
		1. 인물의 말과 행동	8	
	미술	9. 소통의 세계로 – 시각문화로 아름다운 세상 을 만들어요	4	
		11. 쓰임이 있는 미술 – 전달할 내용을 효과적 으로 전달해요	4	
	음악	2. 생활과 자연의 소리 – 우리나라 관악기, 서 양 관악기	2	
	과학	4. 용해와 용액	9	
아름다운 우리나라 (우리나라 홍보관 만들기)	사회	살기 좋은 우리 국토	7	16	63
		3. 민주주의와 주민자치	7	
		4. 우리 사회의 과제와 문화의 발전	2	
	미술	5. 전통 미술의 세계로 – 먹그림에 색을 더 해요	6	
		11. 쓰임이 있는 미술	10	
	국어	2. 토의의 절차와 방법	8	
		5. 대상의 특성을 살려	8	

주제	교과	단원 및 내용	시수	
아름다운 우리나라 (우리나라 홍보관 만들기)	체육	4. 표현활동 – 2)우리나라의 민속 무용을 표현하며	7	
	음악	1. 소리여행의 시작 – 탈춤(감상)	1	
		2. 생활과 자연의 소리 – 쾌지나 칭칭나네	3	
		3. 음악으로 지구 한 바퀴 – 축제음악, 아리랑	4	

여기에서 프로젝트 주제별로 모두 소개하기는 힘들기 때문에 이제부터는 '신(新)농사직설' 하나만 좀 더 자세히 알아보겠습니다. 1차 협의 전 주제인 필자의 '별이 빛나는 남대구 밤'과 정선우 선생님의 '나는 자연인이다'를 합쳐 1차 협의 후에는 '나는 자연인이다(친환경 텃밭 가꾸기)'로 바뀌었습니다.

며칠 후 1차 협의를 정리한 자료로 프로젝트 계획을 좀 더 발전시키는 2차 협의를 진행했습니다. 2차 협의를 거쳐 프로젝트 주제를 '신(新)농사직설'로 확정하고, 대략적인 활동 주제를 정하여 관련 교과 및 단원 그리고 시수도 배정하여 보았습니다.

협의 진행 과정별로 교과와 단원이 들어오고 빠지고 하는 부분들을 잘 살펴보세요. 주제에 따라 각자 해 보고 싶은 활동을 말하면서 좋다고 의견을 모으면, 해당하는 교과와 단원들이 들어오고 "이것은 좀 이상한 것 같다."라고 하면 그 교과와 단원은 빠집니다. 이렇듯 협의를 진행하면서 수업 활동 계획에 따라 자연스럽게 성취기준과 단원을 넣기도 하고 빼기도 하면서 작업을 진행하는 것입니다.

1차 협의 전 프로젝트안: 필자

주제	교과	단원	성취기준 및 내용
별이 빛나는 남대구 밤	과학	3. 식물의 구조와 기능	식물 기르고 관찰하기
	국어	5. 대상의 특성을 살려	쓰기(3) 적절한 방법을 사용하여 대상의 특징이 드러나게 글을 쓴다.
	수학	5. 여러 가지 단위	넓이 단위
	과학	2. 태양계와 별	
	실과	2. 나의 균형 잡힌 식생활	건강 간식 만들기 / 저녁
	체육		걷기

1차 협의 전 프로젝트안: 정선우 선생님

주제	교과	단원 및 내용	시수	
나는 자연인 이다	과학	3. 식물의 구조와 기능	10	
	사회	2. 환경과 조화를 이루는 국토	9	
	실과	5. 생활 속의 동식물	10	49
	국어	2. 토의의 절차와 방법	8	
	미술	미술로 만나는 새로운 세계 – 새로운 발견의 시작	6	
		8. 만들기 나라로 – 지구를 살리는 폐품 예술	6	

1차 협의 후 정리한 자료

주제	교과	단원 및 내용	시수	
나는 자연인이다 (친환경 텃밭 가꾸기)	과학	3. 식물의 구조와 기능	10	32
	실과	2. 나의 균형 잡힌 식생활	12	
	수학	3. 다각형의 넓이	4	
	미술	미술로 만나는 새로운 세계 – 새로운 발견의 시작	6	

2차 협의 후 정리한 자료

주제	활동 주제	교과	단원	시수	
신(新) 농사직설	1장. 식물이란 무엇인고?	과학	3. 식물의 구조와 기능	10	35
		실과	5. 생활 속의 동식물	7	
	2장. 어떻게 자라는고?	수학	3. 다각형의 넓이	4	
		미술	10. 새로운 표현의 나라로	4	
	3장. 어떻게 사용하는고?	국어	5. 대상의 특성을 살려	8	
		창체		2	

05

[프로젝트 수업 3단계]
성취기준 맵핑 자료를 활용하라

프로젝트 수업을 계획할 때는 교과서나 교사용 지도서를 잔뜩 가져와서 작업하기보다는 '성취기준 맵핑 자료'나 '성취기준 카드'처럼 성취기준을 일목요연하게 정리한 자료를 활용하면 좋습니다. 프로젝트수업의 전체 흐름과 틀을 잡을 때는 성취기준을 중심으로 보고, 이후 활동 주제별로 구체적인 수업 내용을 구상할 때는 교과서를 함께 활용하는 것이 효율적입니다. 그렇지 않으면 수많은 교과서와 교사용 지도서에 치여서 이것저것 보기만 하다 작업이 끝날 수도 있으니까요. 그리고교육과정을 재구성할 때는 잠시 교과서를 덮고 성취기준만 보고 작업할 수 있어야 합니다.

대구광역시 교육청에서는 매년 학교에 '성취기준 – 교과서 맵핑 자료'를 공문으로 보내 줍니다. 이것으로 교사들은 교육과정을 재구성하거나 과정중심평가를 실천할 때 도움을 받고 있습니다.

대구광역시 교육청 성취기준 – 교과서 맵핑 자료

2015 개정	교육과정 맵핑 자료		국어	1학년 1학기	
단원	성취기준	교과서 살펴보기			
		학습 요소	쪽수		차시
			국어	국어 활동	
1. 바른 자세로 읽고 쓰기	듣기 · 말하기[2국01–05] 말하는 이와 말의 내용에 집중하며 듣는다. 읽기[2국02–01] 글자, 낱말, 문장을 소리 내어 읽는다. 쓰기[2국03–01] 글자를 바르게 쓴다.	바른 자세 익히기	6~11		1
		바르게 읽는 자세 익히기	12~13		1
		소리 내어 낱말 따라 읽기	14~17	6~7	2
		바르게 쓰는 자세 익히기	18~23		2
		낱말 따라 쓰기	24~27	8~9	2
		바른 자세로 선생님과 친구의 이름 쓰기	28~31		2

단원	성취기준	교과서 살펴보기			
		학습 요소	쪽수		차시
			국어	국어 활동	
2. 재미있게 ㄱㄴㄷ	문법[2국04-01] 한글 자모의 이름과 소릿값을 알고 정확하게 발음하고 쓴다. 쓰기[2국03-01] 글자를 바르게 쓴다. 문학[2국05-03] 여러 가지 말놀이를 통해 말의 재미를 느낀다.	자음자의 모양 알기	32~39		2
		자음자의 이름 알기	40~43	10~13	2
		자음자의 소리 알기	44~49		2
		자음자 바르게 쓰기	50~55	14~27	2
		자음자 놀이 하기	56~61		2
3. 다 함께 아 야 어 여	읽기[2국02-05] 읽기에 흥미를 가지고 즐겨 읽는 태도를 지닌다. 쓰기[2국03-01] 글자를 바르게 쓴다. 문법[2국04-01] 한글 자모의 이름과 소릿값을 알고 정확하게 발음하고 쓴다.	모음자의 모양 알기	62~67		2
		모음자의 이름 알기	68~71	28~30	2
		모음자 찾기	72~73	31	1
		모음자 읽기	74~79	32~33	2
		순서에 맞게 모음자 쓰기	80~85	34~39	2
		모음자 놀이하기	86~91		2

단원	성취기준	교과서 살펴보기			
		학습 요소	쪽수		차시
			국어	국어 활동	
4. 글자를 만들어요	읽기[2국02-01] 글자, 낱말, 문장을 소리 내어 읽는다. 쓰기[2국03-01] 글자를 바르게 쓴다. 문학[2국05-01] 느낌과 분위기를 살려 그림책, 시나 노래, 짧은 이야기를 들려주거나 듣는다.	글자에서 자음자와 모음자 찾기	92~97		2
		글자에서 모음자가 있는 곳 찾기	98~99	40~41	1
		글자의 짜임 알기	100~105	42~45	2
		글자 읽고 쓰기	106~109	46~49	2
		여러 가지 모음자 알기	110~111	50~59	1
		이야기를 듣고 낱말 읽기	112~115		2

06

[프로젝트 수업 4단계]
수업 흐름을 잡아라

교육과정	① 성취기준 선정하기	⇔	② 주제 선정하기	⇒	③ 수업 흐름안 작성하기
	동료 교사와 협의하기				

협의를 거쳐 프로젝트 주제와 성취기준을 어느 정도 결정했다면 이 제부터는 활동 주제와 활동 및 내용을 정해야 합니다. 즉, 전체적으로 프로젝트 수업 흐름을 잡는 것이지요. 이 단계부터는 프로젝트 주제를 나누어서 각자 작업을 진행하는 것이 효율적입니다. 자기가 맡은 프로 젝트 주제에서 어느 정도 수업 흐름을 잡고 그것을 바탕으로 같이 협의 하는 것이지요. 처음부터 함께 수업 흐름을 잡으려고 하면 시간이 많이 걸리므로 힘들 수 있습니다. 필자는 '신(新)농사직설'과 '문학 읽어 주는

북카페'를, 정선우 선생님은 '아름다운 우리나라(우리나라 홍보관 만들기)'를 맡아서 프로젝트 수업 흐름안을 대략적으로 작성하여 그것을 바탕으로 3차 협의를 진행했습니다.

여기에서는 필자가 작업한 '신(新)농사직설'을 사례로 소개하겠습니다. '신(新)농사직설' 프로젝트 핵심은 학교 텃밭에 여러 가지 식물을 심어서 기르는 것이지요. 앞서 2차 협의를 거쳐 '식물의 구조와 기능을 알아본 후 모둠별로 식물을 심고, 텃밭의 넓이 측정과 텃밭 이름표 만들기도 하고 식물의 자라는 모습을 관찰하면서 잘 재배하자'라고 대략적인 수업 흐름과 활동 주제를 임의로 정했습니다.

2차 협의 후 정리한 자료

주제	활동 주제	교과	단원	시수	
신(新) 농사직설	1장. 식물이란 무엇인고?	과학	3. 식물의 구조와 기능	10	35
		실과	5. 생활 속의 동식물	7	
	2장. 어떻게 자라는고?	수학	3. 다각형의 넓이	4	
		미술	10. 새로운 표현의 나라로	4	
	3장. 어떻게 사용하는고?	국어	5. 대상의 특성을 살려	8	
		창체		2	

2차 협의 후 정리한 자료를 바탕으로 필자는 우선 프로젝트의 전체 스토리를 대략적으로 만들었습니다. 그리고 학생들이 해야 할 활동이나 배워야 할 내용을 간단히 정리했습니다.

농사직설은 세종시대 때 백성들이 농사를 잘 지을 수 있도록 농사법을 소개하는 책이다. 우리도 식물을 재배해 보면서 어떻게 하면 식물을 잘 기를 수 있는지를 식물의 구조와 기능과 관련지어 알아보자. 그리고 그 비법을 신(新)농사직설로 만들어 남겨 보자. 그 과정에서 학생들은 재배할 식물을 스스로 선택하고 식물의 특성에 맞는 재배 계획을 세운다. 선택한 식물을 직접 심고 재배하는 경험을 한다. 재배 과정을 일지로 정리하고 이를 바탕으로 신(新)농사직설 책자를 만든다.

농사직설 소개, 식물 선택하기, 텃밭 정리하기, 재배 계획 세우기, 식물 재배하기
식물의 구조와 기능, 재배일지 작성하기, 신(新)농사직설 책자 만들기

이렇게 정리한 내용을 바탕으로 활동 주제를 정하고 주제별로 활동 및 내용을 흐름에 따라 배치하여 수업 흐름안을 작성했습니다. 그런데 여기에서는 꼭 해야 할 중요한 일이 있습니다. 그것은 바로 자기가 구상한 활동 및 내용으로 해당 성취기준에 도달할 수 있는지 확인하는 것입니다.

활동 주제	교과 (단원)	활동 및 내용	성취기준
2장. 어디서 키우는고?	수학 (3. 다각형 의 넓이)	모둠 텃밭의 넓이 구하기	간단한 평면도형의 둘레를 재어 보는 활동을 바탕으로 둘레를 이해하고 기본적인 평면도형의 둘레의 길이를 구할 수 있다. 넓이를 이해하고 1cm²와 1m²의 단위를 알며 그 관계를 이해한다. 직사각형의 넓이를 구하는 방법을 이해하고, 이를 바탕으로 직사각형과 정사각형의 넓이를 구할 수 있다.

예를 들어 '2장. 어디서 키우는고?' 활동 주제는 수학 3단원의 성취 기준 3개를 가져왔습니다. 그렇다면 모둠 텃밭의 넓이를 구하는 활동으로 가져온 수학과 성취기준 3개를 다 달성할 수 있는지 점검해야 하겠지요.

먼저 교실에서 둘레 길이, 넓이 단위의 관계, 직사각형과 정사각형 넓이를 수업합니다. 이후 배운 것을 실생활에 활용하는 활동으로 줄자를 가지고 모둠 텃밭에 가서 실제로 둘레 길이도 재어 보고 넓이도 구하면 성취기준에 도달할 수 있겠다고 생각했습니다. 이런 식으로 활동 및 내용과 이에 해당하는 성취기준을 하나하나 꼼꼼히 확인해야 합니다. 그렇지 않으면 그냥 활동만 있고 성취기준에는 도달하지 못하는 수업이 될 수도 있습니다.

3차 협의 전 수업 흐름안: 필자

주제	활동 주제	교과	활동 및 내용	단원	시수	
신(新) 농사직설	열며	과학	프로젝트 소개, 궁금한 사항 붙이기	3. 식물의 구조와 기능	2	41
	1장. 무엇을 키우는고?	실과	모둠별 키울 식물 선택하기 모둠 텃밭 정리하기	5. 생활 속의 동식물	4	
	2장. 어디서 키우는고?	수학	모둠 텃밭의 넓이 구하기	3. 다각형의 넓이	4	
	3장. 어떻게 키우는고?	과학	식물의 뿌리, 줄기, 잎, 꽃과 열매 탐구하기	3. 식물의 구조와 기능	8	
		과학	재배 계획 세우기, 재배 보고서 작성하기	탐구 활동	6	
		실과	재배 계획에 따라 식물 키우기	5. 생활 속의 동식물	3	
		국어	재배일지 작성법 알아보기, 재배일지 작성하기	5. 대상의 특성을 살려	7	
	4장. 신(新)농사직설	미술	신(新)농사직설 책자 만들기	10. 새로운 표현의 나라로	4	
		창체	PBL 활동		2	
	닫으며	국어	성찰일지 작성하기	5. 대상의 특성을 살려	1	

이렇게 작성한 수업 흐름안을 가지고 3차 협의를 진행합니다. 프로젝트 주제별로 수업 흐름안을 작성한 사람이 먼저 전체 수업 흐름을 이야기하지요. 그리고 수업 흐름을 전체적으로 확인하고 부분적으로도 확인합니다. 즉, 활동 주제의 연결은 어떤지, 활동 주제 안에서 수업 활동과 내용 연결은 어떤지 협의를 거쳐 확인하는 것이지요.

혹시 연결이 자연스럽지 못하다면 수업 활동과 내용을 빼거나 다른 것으로 바꾸어야 합니다. 또 자연스럽게 연결할 수 있게 추가할 수업 활동과 내용에는 어떤 것이 있는지 협의하여 도출된 의견 중에서 프로젝트와 활동 주제에 적합한 것이 있으면 추가합니다. 마지막으로 계획된 차시 안에 활동을 끝낼 수 있는지도 확인해야겠지요.

앞서 사례에서 '1장. 무엇을 키우는고?' 활동 주제에는 모둠에서 키울 식물 선택하기만 있었습니다. 하지만 협의를 거쳐 이경원 선생님의 '아침 나들이' 활동을 필자 학교에 적합하게 변형해서 적용해 보기로 했습니다. 즉, 학교와 학교 가까이에 있는 대구교대에서 각자 내 친구 나무를 하나씩 정한 후 꾸준히 관찰하는 아침 나들이 활동을 추가한 것이지요. '아침 나들이' 활동을 하면서 식물과 자연스럽게 친해지고, 식물의 구조와 세포를 관찰하는 시간을 가질 수 있도록 한 것입니다.

이렇게 3차 협의를 거쳐 '신(新)농사직설' 활동 주제를 완전히 확정하고, 수업 활동 및 내용을 정리하면서 프로젝트 수업 흐름을 완성했습니다. 다음은 프로젝트 흐름안 최종본과 활동 및 내용에 해당하는 성취 기준을 정리한 것입니다.

최종 완성본: 활동 및 내용

주제	활동 주제	교과	활동 및 내용	단원	시수	
신(新) 농사직설		열며	창체	프로젝트 소개, 궁금한 사항 붙이기		2	45
	1장. 무엇을 키우는고?	과학 (추가)	학교를 돌며 식물 관찰하는 아침 나들이 내 친구 나무 관찰하기(구조, 세포)	3. 식물의 구조와 기능	2	
		실과	모둠별로 키울 식물 선택하기 모둠 텃밭 정리하기(풋말 만들기, 비료 주기 등)	5. 생활 속의 동식물	4	
	2장. 어디서 키우는고?	수학	텃밭의 둘레 재어 보기, 넓이 단위 알아보기 모둠 텃밭 넓이 구하기	3. 다각형의 넓이	4	
	3장. 어떻게 키우는고?	국어	재배일지 작성법 알아보기, 재배일지 작성하기	5. 대상의 특성을 살려	2	
		실과	재배 계획에 따라 식물 키우기	5. 생활 속의 동식물	3	
		도덕 (추가)	재배 계획에 따라 책임감 가지고 식물 재배하기	3. 책임을 다하는 삶	4	
		미술 (변경)	식물의 성장 모습 촬영하기	10. 새로운 표현의 나라로	4	
		과학 (변경)	식물의 뿌리, 줄기, 잎, 꽃과 열매 탐구하기	3. 식물의 구조와 기능	6	
			재배 계획 세우기, 재배 보고서 작성하기	탐구 활동	4	

주제	활동 주제	교과	활동 및 내용	단원	시수	
신(新) 농사직설	4장. 제작하라, 신(新)농사직설 [PBL]	과학 (변경)	신(新)농사직설 PBL 문 제 제시 문제 해결 방안 모색 및 결과 정리하기 결과 발표하기 및 평가	3. 식물의 구조 와 기능	2	
				탐구 활동	2	
		국어 (변경)		5. 대상의 특성 을 살려	4	
	닫으며	국어	프로젝트 되돌아보기, 성찰일지 작성하기		2	

최종 완성본: 성취기준

주제	활동 주제	교과	성취기준	단원
신(新) 농사직설	열며	창체	프로젝트 소개, 궁금해요	
	1장. 무엇을 키우는고?	과학	식물의 전체적인 구조를 관찰하여 뿌리, 줄기, 잎, 꽃, 열매를 구별할 수 있다. 현미경으로 관찰하여 식물체는 세포로 이루어져 있음을 안다.	3. 식물의 구조와 기능
		실과	인간 생활 속에서 식물이 작물로 이용되는 중요성과 가치를 이해하고, 생활에 이용할 수 있는 식물의 종류와 이용 방법을 설명할 수 있다.	5. 생활 속의 동식물
	2장. 어디서 키우는고?	수학	간단한 평면도형의 둘레를 재어 보는 활동을 바탕으로 둘레를 이해하고 기본적인 평면도형의 둘레 길이를 구할 수 있다. 넓이를 이해하고 1㎠와 1㎡의 단위를 알며 그 관계를 이해한다. 직사각형의 넓이를 구하는 방법을 이해하고, 이를 바탕으로 직사각형과 정사각형의 넓이를 구할 수 있다.	3. 다각형의 넓이
	3장 어떻게 키우는고?	국어	쓰기(3) 적절한 방법을 사용하여 대상의 특징이 드러나게 글을 쓴다.	5. 대상의 특 성을 살려
		실과	식물이 갖는 자원으로서의 가치 및 농산물의 생산·이용과 저탄소 녹색 성장과의 관계를 이해하고, 친환경적인 농산물의 생산과 이용을 체험하고 실천할 수 있다.	5. 생활 속의 동식물

주제	활동 주제	교과	성취기준	단원
신(新) 농사직설	3장 어떻게 키우는고?	도덕	책임을 다하는 생활의 의미와 중요성을 알고 생활 속에서 실천하려는 마음을 기른다.	3. 책임을 다하는 삶
		미술	다양한 주제를 탐색하여 자유롭게 표현한다.	10. 새로운 표현의 나라로
		과학	뿌리의 지지, 흡수, 저장 기능을 이해한다. 줄기의 겉모양과 속 구조를 알고, 뿌리에서 흡수된 물이 줄기를 통해 각 기관으로 이동함을 이해한다. 잎의 기능인 증산 작용과 광합성을 이해한다. 뿌리, 줄기, 잎, 열매의 기능이 서로 관련되어 있음을 이해한다. 꽃과 열매의 구조와 기능을 알고, 씨가 퍼지는 다양한 방법을 안다.	3. 식물의 구조와 기능
			통합 탐구 활동 익히기	탐구 활동
	4장. 제작하라, 신(新)농사직설 [PBL]	과학	뿌리, 줄기, 잎, 열매의 기능이 서로 관련되어 있음을 이해한다.	3. 식물의 구조와 기능
			통합 탐구 활동 익히기	탐구 활동
		국어	쓰기(3) 적절한 방법을 사용하여 대상의 특징이 드러나게 글을 쓴다.	5. 대상의 특성을 살려
	닫으며	국어	프로젝트 되돌아보기, 성찰일지 작성	

07

[프로젝트 수업 5단계]

활동 주제별 탐구 질문을 만들어라

프로젝트 수업을 계획하는 두 번째 과정은 '수업 계획'입니다. 수업 계획은 교육과정 계획으로 잡은 프로젝트 수업의 큰 흐름을 세부적으로 다듬어 가는 과정입니다. 즉, 실제로 수업을 할 수 있도록 활동 주제별로 탐구 질문을 만들고 세부 활동 및 내용을 자세하게 정하는 것이지요. 또 수업 계획으로 정한 세부 활동 및 내용이 과연 성취기준 도달에 적합한지 다시 한 번 점검해야 합니다.

수업	➡	① 탐구 질문 만들기	⇨	② 세부 활동 및 내용 정하기
		동료 교사와 협의하기		

세부 활동 및 내용을 정하기 전에 먼저 활동 주제별로 각각 탐구 질문을 만들면 좋습니다. 탐구 질문은 학생들이 알아야 할 핵심적인 것을 질문 형태로 만든 것으로, 교사 입장의 수업 목표가 아니라 학생 입장의 공부할 문제라고 생각하면 됩니다. 단 프로젝트 수업의 실제 활동을 반영하여 질문을 만들어야 합니다.

예를 들어 '2장. 어디서 키우는고?' 활동 주제의 수업 목표는 "평면도형의 둘레 길이를 바르게 구하고, 넓이 단위의 관계를 이해하고, 직사각형과 정사각형의 넓이를 바르게 구한다."입니다. 이것을 활동 주제에서 실제로 하는 활동과 연관 지어서 "텃밭의 길이와 넓이를 어떻게 구할까?"라는 탐구 질문으로 만들 수 있습니다.

이런 활동 주제별 탐구 질문은 수업 초점과 방향을 잡아 주는 역할을 합니다. 즉, 학생들이 왜 이 활동 주제를 공부하고 있는지 알 수 있도록 알려 주지요. 또 활동 주제별 탐구 질문은 활동 주제에 대한 학생들의 흥미를 불러일으키고 활동 주제에 집중할 수 있게 해 줍니다. 탐구 질문은 교사들이 사전에 협의하여 미리 정할 수도 있고, 프로젝트를 시작한 후 학생들과 함께 작성할 수도 있습니다. 그러면 학생들이 프로젝트에 주인의식을 갖게 할 수 있습니다.

활동 주제	탐구 질문	교과	활동 및 내용
1장. 무엇을 키우는고?	어떤 식물을 키우면 좋을까?	과학	학교를 돌며 식물 관찰하는 아침 나들이 내 친구 나무 관찰하기(구조, 세포)
		실과	모둠별로 키울 식물 선택하기 모둠 텃밭 정리하기(팻말 만들기, 비료 주기 등)
2장. 어디서 키우는고?	텃밭의 길이와 넓이를 어떻게 구할까?	수학	텃밭의 둘레 재어 보기, 넓이의 단위 알아보기 모둠 텃밭 넓이 구하기
3장. 어떻게 키우는고?	어떻게 하면 식물을 잘 재배할 수 있을까?	국어	재배일지 작성법 알아보기, 재배일지 작성하기
		실과	재배 계획에 따라 식물 키우기
		도덕	재배 계획에 따라 책임감 가지고 식물 재배하기
		미술	식물의 성장 모습 촬영하기
		과학	식물의 뿌리, 줄기, 잎, 꽃과 열매 탐구하기 재배 계획 세우기, 재배 보고서 작성하기
4장. 신(新) 농사직설	신(新)농사직설은 어떻게 만들 것인가?	과학	신(新)농사직설 PBL 문제 제시 문제 해결 방안 모색 및 결과 정리하기
		국어	결과 발표하기 및 평가

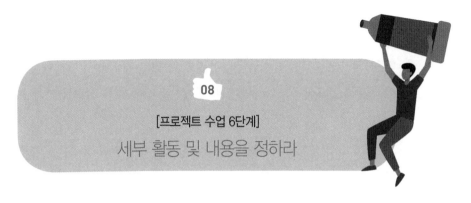

08

[프로젝트 수업 6단계]
세부 활동 및 내용을 정하라

수업	→	① 탐구 질문 만들기 ⇨ ② 세부 활동 및 내용 정하기
		동료 교사와 협의하기

　활동 주제별 탐구 질문을 만들어 수업 초점과 방향을 잡았으면 이제 부터는 세부 활동 및 내용을 자세하게 정해야 합니다. 활동 주제와 활동 및 내용으로 정한 프로젝트의 큰 흐름에 따라 실제로 수업을 할 수 있도 록 세부 활동 및 내용을 만들어 가면서 프로젝트 수업안을 완성해 가는 것이지요.

　선택한 활동 및 내용을 수업으로 어떻게 진행할지, 각 활동에 적합 한 수업 방법은 어떤 것인지, 자료는 어떤 것이 있고 유의할 점은 무엇인지 꼼꼼히 따져 보면서 세부 활동 및 내용을 자세하게 정리하면 됩니다. 전체적인 프로젝트 수업 흐름은 이미 정했기 때문에 이 단계에서는 그 흐름에 맞추어 수업이 자연스럽게 연결될 수 있도록 하는 것이 중요합니다.

한편 수업 계획의 과정도 맡은 프로젝트 주제에 따라 작업은 혼자서 하고, 이후 활동 진행 및 자료 등은 함께 협의를 거쳐 수정·보충했습니다.

세부 활동 및 내용

활동 주제	탐구 질문	차시	활동 및 내용	자료(□) 유의점(※)
3장. 어떻게 키우는고? (23)	어떻게 하면 식물을 잘 재배할 수 있을까?	13–15/ 45	○ '어떻게 키우는고' 정하기 • 모둠별 재배 계획 세우기 – 심는 간격, 물 주는 양과 간격, 햇빛 등 조건을 달리하여 재배 계획 세우기 • 식물 재배일지 작성 방법 알아보기 – 식물의 성장 모습 촬영하기 – 식물의 성장 특징이 드러나게 일지 쓰는 방법 알기 • 식물 관리 방법 정하기 – 역할 나누기(물 주기, 식물 모습 촬영, 일지 작성 등)	※통합 탐구 활동을 위한 모둠별 재배 계획 세우기는 탐구 주제보고서 작성을 위한 것임을 알린다. □프로젝트 공책

활동 주제	탐구 질문	차시	활동 및 내용	자료(□) 유의점(※)
3장. 어떻게 키우는고? (23)	어떻게 하면 식물을 잘 재배할 수 있을까?	16–17/ 45	○ 모둠별 식물 심기 • 재배 계획에 따라 조건 달리하여 식물 심기 • 물 주기와 텃밭 정리하기, 텃밭 푯말 세우기	□ 모둠별 재배 식물모종, 모종삽, 텃밭 푯말
		18–29/ 45	○ '어떻게 키우는고' 실천하기 • 재배 계획에 따라 식물 키우기 • 재배일지 작성하기 – 성장 모습 촬영하기 – 성장 특징 드러나게 일지 쓰기 • 책임감 가지고 식물 재배하기 – 식물 관리 역할에 따라 식물 재배 실천하기	※일주일에 2시간씩 6주간 재배하여 지속적인 관찰과 관리가 이루어질 수 있도록 한다. □ 카메라, 프로젝트 공책, 재배일지
		30–32/ 45	○ 식물박사 되어 보기 • 식물의 뿌리 탐구하기 – 뿌리의 흡수 기능 실험하기 – 식물박사 탐구 노트 정리하기 • 식물의 줄기 탐구하기 – 줄기 속의 물의 이동 실험하기 – 식물박사 탐구 노트 정리하기 • 식물의 잎 탐구하기 – 광합성과 증산 작용 실험하기 – 식물박사 탐구 노트 정리하기 • 식물의 꽃과 열매 알아보기 – 식물박사 탐구 노트 정리하기	※식물 재배를 하면서 동시에 뿌리, 줄기, 잎 탐구하기를 진행한다. □ 프로젝트 공책, 양파, 비커 □ 백합, 돋보기, 식용색소 □ 식물모종, 어둠상자, 알콜램프, 삼각 플라스크 등

활동 주제	탐구 질문	차시	활동 및 내용	자료(□) 유의점(※)
3장. 어떻게 키우는고? (23)	어떻게 하면 식물을 잘 재배할 수 있을까?	33~35/ 45	○ 모둠별 재배 보고서 작성하기 • 달리한 조건에 따른 성장 자료 정리하기 • 탐구주제보고서 작성하기	※재배일지를 토대로 탐구주제보고서를 작성하도록 한다. □ 탐구주제보고서(도화지)

　　프로젝트 수업은 수업을 진행하면서도 계속적으로 수업 방향을 협의하여 수업 계획을 수정해야 합니다. 한 차시 수업도 계획대로 진행하기가 힘든데 차시가 많은 프로젝트 수업을 계획한 대로 진행할 수 있을 것이라고 생각하면 큰 오산입니다.

　　수업을 차시별로 아주 상세하게 계획해 놓으면 수업에 변화를 주기가 힘듭니다. 그때그때 수업 상황과 학급 및 학교 조건을 유연하게 수업에 반영하기도 어렵겠지요. 그렇기 때문에 프로젝트 수업 계획안은 차시별로 작성하기보다는 프로젝트의 전체 흐름이 나타나는 정도만 작성해도 좋습니다. 그리고 그것이 프로젝트 수업 본질에도 부합한다고 생각합니다.

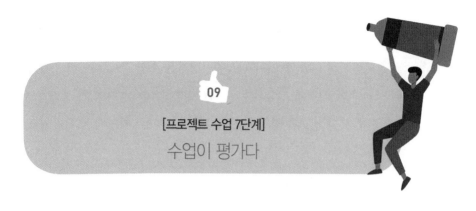

09

[프로젝트 수업 7단계]
수업이 평가다

프로젝트 수업을 계획하는 세 번째 과정은 '평가 계획'입니다. 평가 계획은 수업 중 성취기준 도달 정도를 확인하여 적절한 피드백을 주고, 최종적으로는 학생들이 성취기준에 도달할 수 있도록 하는 과정입니다. 즉, 성취기준 도달 정도를 확인하는 평가와 피드백, 성취기준 도달 여부를 확인하는 평가를 계획하는 것이지요.

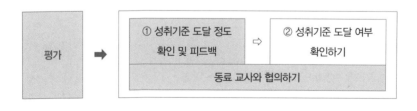

대부분의 평가 계획에는 성취기준 도달 여부를 최종적으로 확인하는 평가만 있습니다. 하지만 과정중심평가는 수업 중에 다양한 방법으로 성취기준 도달 정도를 확인하고 피드백을 주어야 하지요. 그렇기에 성취기준 도달 정도를 확인하는 평가와 이에 따른 피드백 계획도 세워야 합니다.

일부 학교에서는 수업 중 평가와 피드백까지 프로젝트 수업 계획안에 표시하라고 할 때가 있습니다. 분명히 교사는 과정중심평가 본질에 맞게 수업 중에 하는 평가와 이에 따른 피드백을 계획해야 하지요. 하지만 그것을 프로젝트 수업 계획안에 다 넣는 것은 현실적으로 무리가 있고, 과정중심평가 본질에도 맞지 않습니다.

과정중심평가에서는 '수업 = 평가'라고 합니다. 이것은 수업 과정 중에 평가를 하면서 그 평가 또한 수업 일부가 되어야 한다는 의미입니다. 그렇다면 수업 중에 하는 평가는 수업을 계획대로 잘했는지 확인하고 피드백을 주어 계획대로 할 수 있게 하려는 것입니다. 즉, 수업 중에 성취기준 도달 정도를 확인하여 피드백을 주는 것은 따로 평가 계획을 세우기보다는 수업 계획으로 대신할 수 있습니다. 다음 성취기준과 평가 문항을 예로 들어 보겠습니다.

성취기준	평가 문항	평가 방법
현미경으로 관찰하여 식물체는 세포로 이루어져 있음을 안다.	현미경으로 내 친구 나무의 식물 세포를 관찰하여 그리는가?	현미경 관찰 기록 평가

'현미경으로 관찰하여 식물체는 세포로 이루어져 있음을 안다'는 성취기준에 도달하고자 처음부터 "여기와 여기에서 평가를 하고 이렇게 피드백을 주어야지."라며 평가 관점에서 접근하면 평가 계획을 세울 수 없습니다. 하지만 "수업을 이렇게 저렇게 하고 여기에서 잘하는지 확인하고 피드백을 주어야지."라는 수업 관점에서 접근하면 수업 계획과 평가 계획을 동시에 실천할 수 있습니다. 필자는 수업 계획을 다음과 같이 세웠습니다.

1. 현미경 명칭 및 사용법을 가르쳐 준다.
2. 다양한 내 친구 나무의 세포를 관찰한다(6 모둠, 6 종류 준비해서 모두 관찰).
3. 식물 세포를 그린다(자기 모둠 것만).
4. 식물이 세포로 이루어져 있음을 정리하여 발표한다.

이렇게 세운 수업 계획에 따라 순서별로 수업을 진행하면서 각 순서마다 학생들이 바르게 이해하고 있는지 확인합니다. 그리고 피드백을 주어 최종적으로 성취기준에 도달할 수 있도록 하는 것이 바로 과정중심평가입니다.

과정중심평가를 한다고 수업 중 평가와 피드백을 무리하게 계획하지 말고 성취기준에 도달할 수 있게 수업을 바르게 계획하는 것이 우선입니다. '수업 계획 = 평가 계획'이 되는 셈이지요.

10

[프로젝트 수업 8단계]
성취기준 도달 여부를 확인하라

평가	→	① 성취기준 도달 정도 확인 및 피드백	⇨	② 성취기준 도달 여부 확인하기
		동료 교사와 협의하기		

　　과정중심평가도 성취기준 도달 여부를 최종적으로 평가하는 결과 평가를 합니다. 따라서 당연히 프로젝트 수업을 진행하면서 각 성취기준별로 최종적으로 도달 여부를 확인해야 하지요.

　　최종적인 성취기준 도달 여부를 확인하는 평가는 흔히 학기 초에 세우는 수행평가 계획을 비롯한 평가 계획 모습과 비슷합니다. 대개 상중하 3단계 평가를 실시하고, 평가 문항은 성취기준을 그대로 쓰지 말고

실제 프로젝트 활동으로 성취기준을 어떻게 평가할지가 드러나면 좋습
니다. 평가 방법에는 평가 장면과 평가 방법이 같이 드러나도록 씁니다.

활동 주제	탐구 질문	차시	내용 및 활동	자료(□) 유의점(※) 평가(★)
3장. 어떻게 키우는고? (23)	어떻게 하면 식물을 잘 재배할 수 있을까?	16-17/ 45	O 모둠별 식물 심기 • 재배 계획에 따라 조건 달리하여 식물 심기 • 물 주기와 텃밭 정리하기, 텃밭 푯말 세우기	□ 모둠별 재배 식물모종, 모종삽, 텃밭 푯말
		18-29/ 45	O '어떻게 키우는고' 실천하기 • 재배 계획에 따라 식물 키우기 • 재배일지 작성하기 – 성장 모습 촬영하기 – 성장 특징 드러나게 일지 쓰기 • 책임감 가지고 식물 재배하기 – 식물 관리 역할에 따라 식물 재배 실천하기	★ 평가 7, 8, 9, 10 ※일주일에 2시간씩 6주간 재배하여 지속적인 관찰과 관리가 이루어질 수 있도록 한다. □ 카메라, 프로젝트 공책, 재배일지

순	관련 교과	성취기준	평가 문항	평가기준			평가 방법
				상	중	하	
8	도덕	책임을 다하는 생활의 의미와 중요성을 알고 생활 속에서 실천하려는 마음을 기른다.	식물 관리 역할에 따라 책임감을 가지고 식물 관리를 실천하는가?	식물 관리 역할에 따라 책임감을 가지고 꾸준히 식물 관리를 실천한다.	식물 관리 역할에 따라 책임감을 가지고 식물 관리를 실천한다.	식물 관리 역할에 따라 책임감을 가지고 식물 관리를 실천하지 못한다.	식물 재배 관찰 평가
9	미술	다양한 주제를 탐색하여 자유롭게 표현한다.	식물의 성장 모습이 드러나게 다양한 방법으로 사진을 찍는가?	식물의 성장 모습이 잘 드러나게 다양한 방법으로 사진을 찍는다.	식물의 성장 모습이 드러나게 다양한 방법으로 사진을 찍는다.	식물의 성장 모습이 잘 드러나지 않으며 다양하지 않게 사진을 찍는다.	사진 작품 평가

'교사 전문성'은
자신만의 수업으로
발휘된다

"초등교사의 전문성은 무엇일까요?"

초등 전문성은 중등처럼 특정 한 교과에만 있는 전문성으로는 충분히 설명할 수 없다는 것을 깨달으면서 "초등에서는 어떤 전문성 개념이 더 필요할까?"라는 고민을 하기 시작했습니다. 그리고 '단일 교과에 대한 수업 기술'이라는 전문성 개념에서 벗어나고자 나름대로 노력을 했습니다.

먼저 '단일 교과'의 벽을 넘어 교과와 교과를 연결하는 시도가 필요하다고 보았습니다. 그래서 수업 이론과 모형보다는 교육과정과 주제 중심학습 설계를 공부했는데, 이는 STEAM, 프로젝트 수업 등 교과통합적 접근에 대한 관심과 노력으로 이어졌습니다. 다음으로 '교과서'를 벗어나려는 노력이었습니다. 교과서를 집필하는 경험을 겪으면서 교과서는 완전하지 않다는 것을 알았고, 이후 교과서대로 수업하기보다는 교과서를 재구성하여 수업하려는 시도를 많이 했습니다.

이렇게 교과와 교과 연결을 시도하고 교과서를 벗어나려고 노력하면서 자연스럽게 특정 '수업 기술' 적용에서도 벗어날 수 있었습니다. 교과서를 벗어나 교과통합적 접근을 하다 보니 특정 교과에 맞는 정해진 수업 모형을 따르기가 어려웠기 때문이지요.

이처럼 '단일 교과에 대한 수업 기술'보다는 '교과와 교과를 연결하거나 교과(서)를 재구성하는 기획력'이 초등교사의 전문성을 더 잘 설명해 준다고 생각했고, 이를 실천하는 노력들을 하면서 교사의 길을 걸어왔습니다. 이런 오랜 시간 했던 노력들을 한마디로 정리한 것이 바로 '교육과정 문해력'입니다. 성취기준을 해석하여 자신만의 수업을 만드는 교육과정 문해력이야말로 초등과 중등을 아우르는 교사 전문성이라고 생각합니다.

교사 전문성은 업무가 아니라 수업에서 발휘되어야 합니다. 그리고 그 수업은 교과서 중심의 교사중심수업이 아니라 교육과정 재구성 중심의 학생중심수업이 되어야 할 것입니다. 또 교육과정 재구성으로 할 수 있는 학생중심수업은 당연히 수업을 하는 교사가 직접 만든 자신만의 수업이 되어야 합니다. 이렇듯 앞으로 교사 전문성은 교과서에서 벗어나 교육과정 속으로 들어가 '자신만의 수업'을 만들 수 있는 능력이 될 것입니다.

필자는 아직 교사로서 가야 할 길이 많이 남아 있습니다. 앞으로 교육과정 문해력을 갖추고 더욱 발전시킬 수 있도록 성실하게 노력하는 교사가 되고 싶습니다. 그리고 교육과정 문해력을 바탕으로 프로젝트 수업을 만들고 실천하여 선한 영향을 끼치는 교사의 삶을 살고 싶습니다. 허락된다면 가까운 미래에, 여러 교사와 협의하면서 '우리만의 프로젝트 수업'을 만들고 실천하여 그 결과를 책으로 엮어 보고 싶습니다.

감사할 분이 많습니다.

필자의 교육적 지주인 김영호 교장 선생님, 교육과정 문해력과 프로젝트 수업의 세계로 필자를 이끌어 준 안영자 교장 선생님, 오랜 시간 교육적 고민을 함께하고 있는 참좋은연구회의 김미하 선생님, 박은혜 선생님, 변남주 선생님, 김경민 선생님, 남대구초등학교에서 동학년을 하며 함께 프로젝트 수업을 협의하고 고민한 서영미 선생님, 이주영 선생님, 정선우 선생님, 남대구초등학교의 모든 선생님과 든든한 지원 팀인 실무원 선생님들께 감사를 전합니다. 필자가 가장 존경하는 교사이자 삶을 같이 하는 차현미, 사랑하는 아들 해성이와 딸 해인이에게 특히 감사합니다.

교육과정 문해력을 바탕으로 만든 우리만의 프로젝트 수업으로 배운 우리 아이들이 이렇게 말해 주기를 간절히 바라 봅니다.

유하의 시, 〈학교에서 배운 것〉을 패러디하며

인생의 소중한 것들을 나는 학교에서 배웠지.

서로를 있는 그대로 인정하는 법과 삶의 주인공으로 참여하는 법.

타인을 배려하고 협력하는 법과 함께 사는 세상을 만들어 가는 법.

그중에서도 내가 살아가는데 가장 도움을 준 것은

이 많은 법들 속에 내가 가진 가능성을 최대한 펼쳐 내는 법.

— 이형빈, 『교육과정-수업-평가 어떻게 혁신할 것인가』, 맘에드림, 2015, 344쪽

'함께하는 교육, 100년의 약속'을 위한 행복 교육 프로젝트

교육과정 문해력, 교사 전문성을 완성하다

기획 홍종남

"교사는 대한민국 최고의 교육 전문가입니다. 교사 전문성을 담고 싶었습니다."
[행복한 교육학®] 시리즈를 통해 교사의 이야기를 담고자 하였고, 선생님들이 행복한
수업을 할 수 있는 환경이 되었으면 합니다.
'함께하는 교육, 100년의 약속!!'의 캐치프레이즈에 맞는 인문·역사, 교육학·교육서 분
야의 책을 기획하고 있습니다. 〈행복한미래〉 대표이자 출판 기획자로 20년 이상을 책
과 함께 살아가고 있습니다. 『교육과정 콘서트』, 『프로젝트 수업, 배움을 디자인하다』,
『수업은 기획이다』 등의 교육서 책을 기획하였습니다. [행복한 교과서®] 시리즈를 총괄
기획하고 있습니다.